増補改訂版

スケッチで訪ねる

『智恵子抄』の旅

高村智恵子52年間の足跡

坂本富江
Sakamoto Tomie

牧歌舎

スケッチで訪ねる『智恵子抄』の旅

光太郎との出会いの花・グロキシニア

スケッチ・文／坂本富江
本文デザイン／井上　亮

はしがき

きっぱりと冬がきた
八つ手の白い花も消え
公孫樹の木も箒になった
「冬がきた」より
＊註　公孫樹：いちょう。　箒：ほうき。

小学校の国語の授業で学んだこの詩によって、高村光太郎という名前を初めて知ることになった。学校の帰り道、冬の八ヶ岳おろしにヒリヒリする頬っぺを両手で押さえながら、口ずさんだ「きっぱり…」が妙に心地よいリズムとなって耳に残り、いまなお懐かしく思い出される。

やがて中学生になり、

僕の前に道はない
僕の後ろに道はできる
「道程」より

この詩との出会いにより「人生は努力して切り開いていくものである」と先生に教わった当時の記憶がいまだに心に甦ってくるのである。

光太郎のこの二編の詩に深く心惹かれ、その影響もあって、私はやがて『智恵子抄』の虜《とりこ》となっていった。そして詩のヒロインであり、光太郎の妻でもある高村智恵子の芸術と神秘性に魅かれ、各処で催される光太郎・智恵子関連の企画展、展覧会、美術展、コンサート、能舞台鑑賞等に通い、毎年開催される光太郎命日の連翹忌や福島二本松での智恵子の命日のレモン忌、研究会にも参加させてもらうようになった。

そんな折、阪神・淡路大震災が起こり、自然災害の恐ろしさを目の当たりにし、人の命の儚《はかな》さと無常性を痛く思い知らされた。

そして、念願だった高村智恵子の生涯を辿る旅が始まったのである。

それは災害発生から二ヶ月後、かすかな春の気配を感じて木々が芽吹き、風やさしくそよぎ、ぬくもりの季節となる頃であった。

気がついてみると、北は青森から岩手・福島・長野・千葉・山梨を経て東京に至るまでの一都六県に及び、十七年の歳月を刻んでいて、あらためて月日の経つはやさに驚かされたものである。私にとって、智恵子を訪ね自然の懐《ふところ》で過ごした日々は終生忘れえぬ良き思い出となっている。

生かされている身の使命感にも似た感情が、膨大な旅のスケッチと紀行文を目の前にして、心を揺さぶり奮い立たせ、出版への思いを募らせたのである。

折しも『智恵子抄』刊行七十年の年とも重なり、さらなる喜びに満ちた初出版であった。

奇《く》しくも、再び未曾有の東日本大震災と原発事故が同時に発生、長きにわたり訪れたゆかりの地のほとんどが、がれきの山で埋まり、無残で惨たんたる大地と化した。言葉では到底言い尽くせない甚大な被害を受けたのである。

そして、かけがえのない友まで失った。本当に痛ましく、やりきれない思いである。

被災地を訪れるたびに、復興に向けた道のりはいまだ遠く、支援の必要性を強く感じずにはいられない。被害に遭われた方々を訪問し、気持ちに寄り添うことの大切さを実感したのである。

それから、すでに三年が経過した。

出版社「牧歌社」より増補改訂版のお話をいただいた。

最初に上梓して以来三年の間、過去の訪問地はもとより、あらたに山形・神奈川・静岡への取材の旅が加わり、自らの目と手と足による旅は二十年を刻み、訪れた地は一都九県に及ぶことになる。

その間、読者の皆様からのお導き、励ましのお言葉を沢山いただき、そのおかげで増補改訂版の機会が与えられたものと、思いを強くしている。

感無量であり、喜びとともにありがたい気持ちでいっぱいである。

初版は頁数も限られ、記述できなかったことも多々あったが、今回は智恵子の生涯をさらに見つめ直し、違った観点から踏み込んだかたちでまとめることができた。これまで一般に余り知られていない素顔の智恵子の新しい発見もあった。

自由を尊び情熱に生き信念をつらぬいた、並外れた美意識と感性の持ち主であり、魅力あふれた一人の女性であったことに光を当てながら、私自身の体験も踏まえ加筆した。

各章の表紙の扉には、ふるさとで智恵子がこよなく愛したであろう、ひっそりと可憐に咲く懐かしい野の花を描き添えて、智恵子の心情に相応《ふさわ》しいものとした。

書物などによって、智恵子のイメージは「狂った人」とされがちであるが、決してそうではない。あどけないありのままの智恵子、純粋で素直な智恵子のほんとうの姿を知って欲しい、という強い想いが私の心を奮い立たせ、旅を続けさせる大きな力となっている。

智恵子がなぜかそうさせてくれているような気がしてならない。

村の人たちは、智恵子が帰省すると、いつもスケッチブックを片手に、風景や草花のスケッチをし、三脚を立て写生している姿をよく見かけている。

時には弟や妹たちを連れて、姉妹・弟仲良く、ふるさとの野山を駆けまわったこともあったようだ。どんな話をしたのだろうか。微笑ましい情景が目に浮かんでくる。

当時のままの小道を歩いていると、四季折々の草花に出会うことができる。

昔の風情そのままに、廻《めぐ》り来る年ごとに、けなげにいじらしく咲いているさまは、智恵子と重なり、心情そのものをよく表現しているように思えてならない。

智恵子のしぐさ・感情・思考・ゆたかな人間性、そして情緒的・精神的な豊かさといったものは、その成長過程において、二本松の長閑《のどか》にひろがる田園の趣を残した風景と美しく雄大な安達太良山の大自然のなかで暮らした年月が深く関わりあっていて、その背景なくしては語れないものがある。

どこまでも澄みわたった青空の下で育まれ、その地の飾り気がなく、ぬくもりのある人情豊かな村人、自然や歴史文化遺産を誇る行事等、脈々と続く伝統的深さが、暮らしのなかに息づき、季節の折々に見せる緑と花で彩られた魅力あふれる二本松の風土が、智恵子の心に生き、人格の形成につながっていった側面も見逃せない。

詩『道程』の発刊と光太郎・智恵子の結婚披露宴から昨年で百年の歳月が流れた。

その生涯を辿ることによって智恵子に学び、心を満たす糧となり得ることの多からんことを願って止まない。幼児《おさなご》のような純粋無垢な心へと回帰した智恵子の、何よりも光太郎の愛に懸命に応えようとしたそのけなげな姿はまことにいじらしい。そして、最後まで愛と芸術を極めた二人の一途《いちず》な思いを心に刻み、旅の友として一人でも多くの皆様にお読みいただき、人それぞれの生き方を知り、心の安らぎとなっていただけるならば、これに過ぎる喜びはありません。智恵子こそはまさに、東日本大震災後、生きることに厳しく立ち向かっている人たちの今に寄り添い、いつの時代においても人の心に生き続ける稀有《けう》な女性といえよう。

智恵子の歩んだ生涯は、運命とは何か、そのいたずらと不思議、人間の優しさと温かさを教え、人の心に深い感銘と共感を呼び、激励をもたらすものと確信します。

平成二十七年夏

坂本 富江

春蘭

増補改訂版　スケッチで訪ねる『智恵子抄』の旅

目次

はしがき……3

Chapter 1 故郷……13

◉智恵子の故郷…福島県……14
旅情さそうレトロな安達駅……16
誕　生……16
生　家……18
よみがえった長沼家は不滅……18
ローゼットと掘りごたつ……19
花　園……19
美しいトイレ……20
米　蔵……21
智恵子記念館……21
智恵子の杜(愛の小径)……22
鞍石山……23
『万葉集』から『智恵子抄』へ……25
樹下の二人……26
長沼家の菩提寺・満福寺……27
コスモスゆれる安達ケ原……27
智恵子物産の戸田屋商店……28
小高い丘の油井小学校……29
初挑戦の紙芝居……30
智恵子マーチングパレードと紙絵……31
空を染める提灯祭り……31
智恵子の答辞文……33

Chapter 2 学び舎の頃……35

◉都会の生活①…東京……36
夢いだき日本女子大学校……36
設立者　成瀬仁蔵……36
最初の運動会……40
音楽教育……42

倫理学からの抜粋……44
成瀬講堂……45
成瀬校長の告辞……46
学友が語る智恵子のエピソード……47
青春輝く学び舎……48
智恵子のことば……48
現存する成瀬仁蔵旧宅……49
芸術家サロンの街雑司ヶ谷……52
愛の告白……53
鬼子母神……54

Chapter 3 画家への道 59

◉都会の生活②…東京……60
太平洋画会研究所……60
智恵子の幻のデッサン見つかる……60
画学生智恵子……63
智恵子の美意識……64
最も新しい女流画家……65
中村不折と正岡子規……65
太平洋美術会と著者との出会い……66
光太郎の母校・荒川区立第一日暮里小学校……67
新宿「中村屋サロン」に花開いた芸術家……71
中村彝アトリエ再現……74

Chapter 4 光太郎との恋 75

◉都会の生活③…東京……76
「青鞜」と智恵子……76
運命の花「グロキシニア」……78
青鞜を去る……79
日比谷公園松本楼と氷菓……79
首かけイチョウ……83
銀ブラの二人……84
◉犬吠埼…千葉……85
早春の犬吠埼……85
銚子電鉄……85
灯　台……87
◉上高地…長野県……89
山上の恋・上高地……89

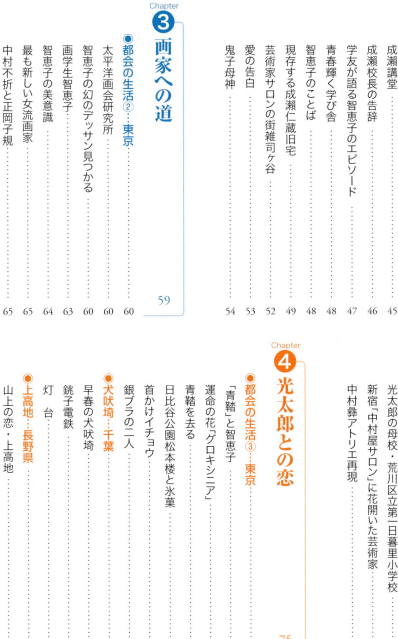

●裏磐梯・五色沼…福島県 …… 93
エメラルドグリーンの五色沼 …… 93
●上野公園…東京 …… 98
精養軒で披露宴 …… 98
料理メニューはハイカラ …… 99
木更津まで響いた「時の鐘」 …… 101

Chapter 5 愛の暮らし 105

●都会の生活④…東京 …… 106
夢抱きし愛のアトリエ 千駄木林町二十五番地 …… 106
アトリエでの苦悩 …… 109
お化けやしき …… 110
巴そば屋 …… 111
順天堂病院 …… 112

Chapter 6 病と転地療養 113

●九段坂病院…東京 …… 114
白亜の九段坂病院 …… 114
智恵子の入院した頃の旧館 …… 116
●不動湯温泉…福島 …… 117
山峡の宿・不動湯温泉 …… 117
私道・専用道路の開削 …… 118
不動湯温泉 …… 119
旧館十六号室 …… 120
夕食の献立 …… 121
心の御馳走 …… 122
宿帳のこと …… 123
幽谷のホタル観賞 …… 124
入籍のこと …… 124
●九十九里浜…千葉 …… 125
灼熱の九十九里浜と田村別荘 …… 125
九十九里浜 …… 115
田村別荘のこと …… 126
田村別荘内部 …… 128
糸日谷さんのこと …… 129
智恵子の印象 …… 129
光太郎のこと …… 131

Chapter 7 ゼームス坂病院と紙絵 133
◉晩年の生活…東京 134
芸術家智恵子蘇生 134
病室は智恵子にとってのアトリエ 138
智恵子抄文学碑 140
紙絵に残した「楠公像」 142
守られた紙絵 143
桜舞ふ東京都立染井霊園 143

Chapter 8 晩年の光太郎 147
◉高村山荘…岩手 148
みちのくの高村山荘へ 148
高村山荘 148
甥が語る光太郎の素顔 152
智恵子とともに 153
未見の詩人・野澤一との交流 154
三畝の畑 157
智恵子の丘 159
高村光太郎記念館 160
◉十和田湖…青森 161
十和田湖畔と奥入瀬渓谷 161
黄金に染まる乙女の像 161
秘められた『乙女の像』 165
東京中野の中西アトリエ 168
『智恵子抄』が世に出るまで～光太郎の苦悩 170

Chapter 9 智恵子の油絵が展示されている山梨の美術館 173
◉清春白樺美術館…山梨 174
清春芸術村・山梨県清春白樺美術館 174
梅原龍三郎と光太郎 177
小林秀雄氏の枝垂櫻 177
ラ・リューシュ 177
運命の出会い 179
大村智氏ノーベル医学・生理学賞 180

Chapter 10 絵が誘う点と線 183
◉「樟」の誕生…静岡県 184
智恵子と沼津 184
絶景の千本浜と千本松原 184
沼津垣の垣根 185
蛇松線跡は花の散策路 186
日本最古の沼津市立第一小学校 187
「道喜塚」今昔 188
大久保忠佐と「道喜塚」 188
「樟」は残った 189
「樟」との宿命的出合い 190

Chapter 11 新作能「智恵子抄」 193
◉赤坂日枝神社…東京 194
山王、日枝神社で新能『智恵子抄』を鑑賞 194
◉新作能　智恵子抄詞章 196
僕等 196
樹下の二人 196
あどけない話 197
人生遠視 198
風に乗る智恵子 198
千鳥と遊ぶ智恵子 198
山麓の二人 199
レモン哀歌 199
荒涼たる帰宅 200

Chapter 12 智恵子さんへの手紙 201
拝啓高村智恵子さまへ 202

年譜 212
あとがき 223
参考文献 227

Chapter 1

故郷

つくしんぼ

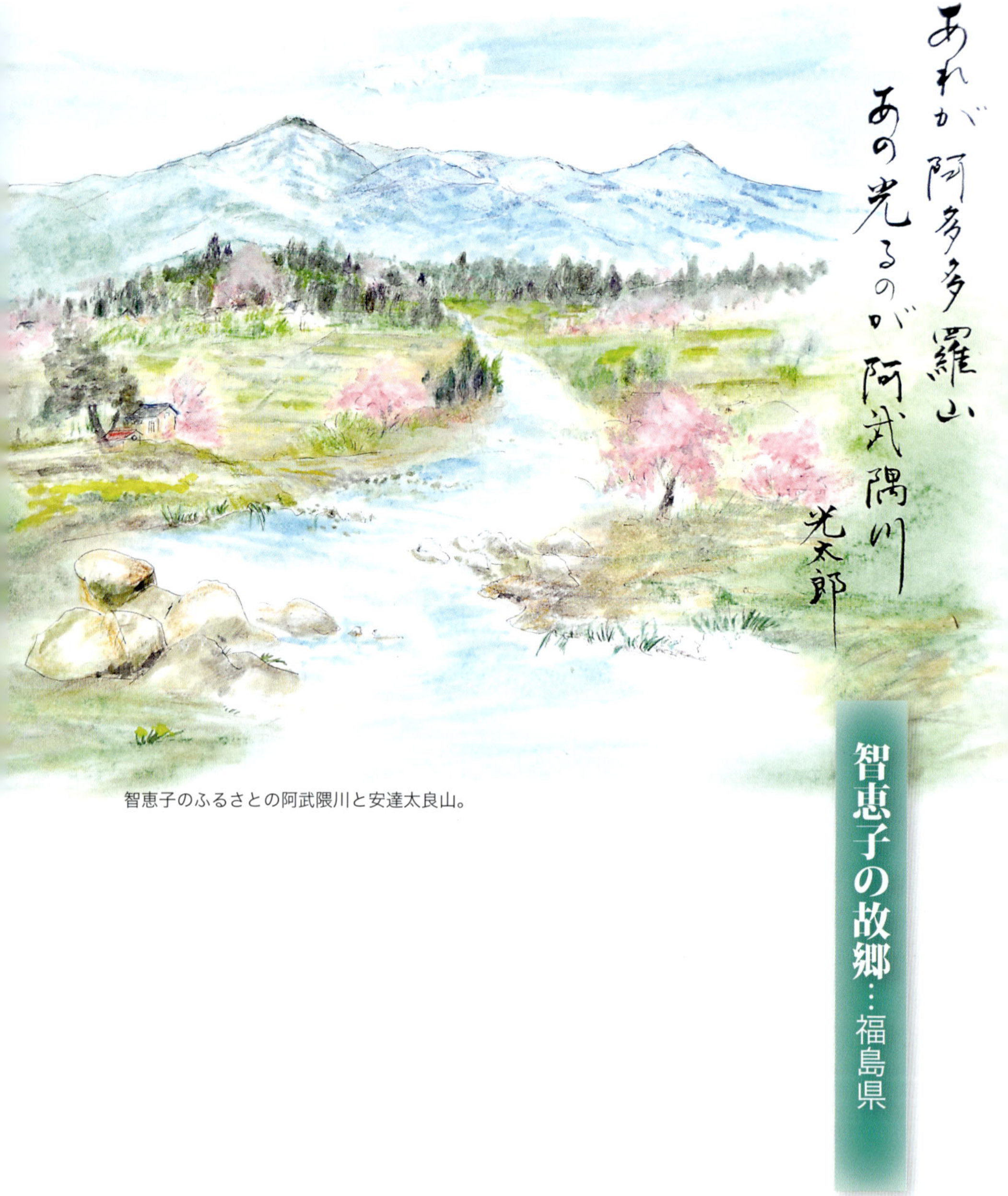
あれが阿多多羅山
あの光るのが阿武隈川
光太郎

智恵子のふるさとの阿武隈川と安達太良山。

智恵子の故郷…福島県

智恵子の
生家・記念館
智恵子生家・記念館
福島県二本松市油井字漆原町 36
電話　0243—22 − 6151
・二本松駅より福島交通バス
八軒町下車２分
・安達駅より徒歩 15 分位
至福島
円東寺の桜と
鹿の鳴石
満福寺（長沼家菩提寺）
正岡子規文学碑
智恵子の杜公園
「樹下の二人」文学碑
鞍石山
油井小学校
（智恵子の母校）
→上川崎
安達駅
智恵子記念館
智恵子の生家
戸田屋さん
智恵子の森
団地
東北自動車道
東北本線
阿武隈川
安達太良山
岳温泉
霞ケ城公園
菊人形の会場
下り車線道の駅
上り車線道の駅
二本松駅
←東京
二本松市役所安達支所
真弓山
観世寺
安達ケ原公園
ふるさと村
鬼婆が棲んだと
いわれる笠石

旧国鉄時代の駅名標。

最寄り駅の安達駅。外壁は新しいが、レトロな雰囲気が旅情を誘う。智恵子は、帰省時にこの駅も利用した。

旅情さそうレトロな安達駅

智恵子は、帰省時は二本松駅と安達駅の二つを利用しているが、私が二本松を訪れるときは、安達駅で下車するのが定番となっている。

ホームに下り立ったとき、目にする駅名の「あだち」が妙に心地好く、我がふるさとに帰ったような安堵感がたまらない。まさに〝ただいまあ〟〝行ってきます〟が似合う駅である。

駅舎には旧国鉄時代の駅名標と駅舎の歴史を写真で見ることもできる。

改札をくぐって眼前に広がる風景は昔と変わらない。

誕生

智恵子は新緑まぶしい季節、青空澄みわたる安達太良山のふもと、そして水面輝く阿武隈川の流れる福島県安達郡油井村（現在は福島県二本松市）で、今朝吉・せんの長女として明治十九年五月二十日に誕生した。

生家は、福島県下でも有数な酒造業を営んでおり、御

新酒の醸造完成を告げる杉玉。

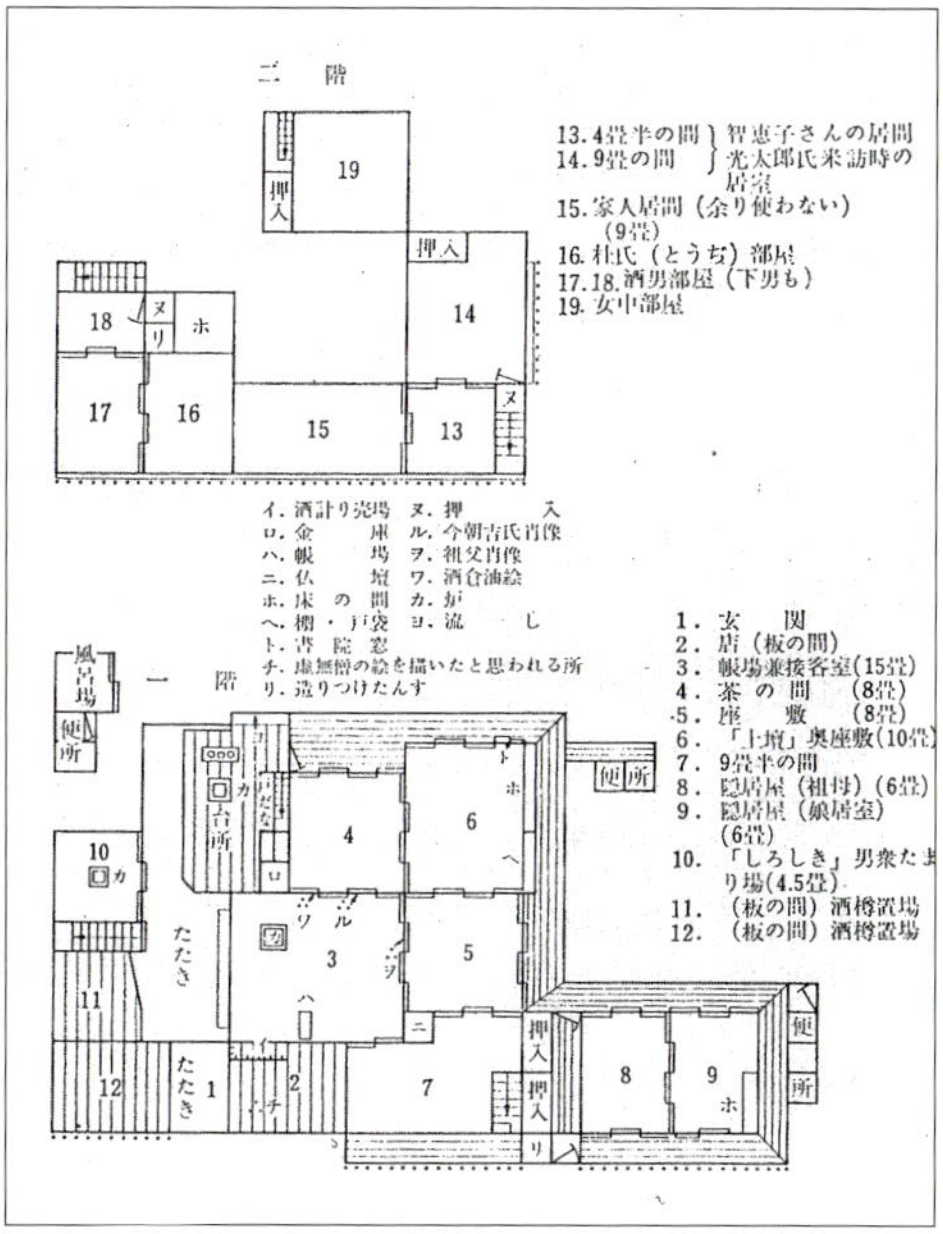

長沼家住宅間取り図。

智恵子の生家。

乳母日傘で育った。同年生まれには、萩原朔太郎（詩人）、谷崎潤一郎（作家）、石川啄木（歌人）、岡本一平（漫画家）、松井須磨子（女優）、山田耕筰（作曲家）などがいる。

生家

私が初めて生家を訪れたのは、平成八年六月八日の初夏であった。

智恵子の里レモン会の伊藤昭会長に案内して戴いた。（智恵子の里レモン会とは、智恵子の祥月命日に地元で偲ぶ会と講演などを行っている団体であり、平成元年に記念館開設とともに結成され、活動している）

生家は、酒造業の為に家族用と従業員用とに分けてあり、二百三十平方メートルの木造二階建てである。

当時は、畳数を合わせると百畳を超え、広い敷地内に酒蔵、米蔵が何棟も並び、長い塀に囲まれていた。

智恵子の部屋は二階にあり九畳間と四畳半の二室を使用していた。

黒光りのする階段は、時が止まった舞台装置のような歴史を感じた。一階には智恵子が当時使っていた琴や蓄音機や鳥カゴ等が展示されている。現在は資料館として土間から見学できるようになっている。

よみがえった長沼家は不滅

智恵子の生家の復元修復工事設計監理者をされた、八代建築設計事務所の八代勝也氏は、修復には程遠い老朽化した智恵子の生家を、見事に復元させるべく尽力された方である。

二本松での「レモン忌」の席上で語った氏によると、修復作業中、襖の中の下貼りには子どもの絵や書があったとのこと。もしかしたら智恵子さんのものもあったのでは

2000年、新橋演舞場にて「智恵子飛ぶ」の舞台を鑑賞。向かって左がレモン会会長・伊藤昭氏、その隣は著者。

……と述懐されていた。

畳数百枚を超える大住宅である。智恵子ファンならワクワクさせられる話であった。

生家には、当時の姿で現存している井戸がある。鞍石山からの水脈は生き続けていて、覗くと空を映し出す水面が光って見える。

ローゼットと掘りごたつ

智恵子の部屋で一番おどろいたのは、電気のローゼットの美しさと掘りごたつであった。

二本松城内にある藤棚。
智恵子の生家から移植されたもの。

九谷焼の陶器製で、ダリアと小菊模様が友禅染めのように色彩豊かに描かれている。

ローゼットと掘りごたつは智恵子の部屋にだけ使われており、家族の中でも特別な待遇であった。ここで福島高等女学校時代からの親友・上野ヤスさんと年末年始を過ごした。二人でこたつに足を入れて、お茶を飲みながらおしゃべりに花を咲かせた、青春の部屋でもある。

花園

一九一三（大正二）年の智恵子から母への手紙には「……ダリアが大変うつくしく咲いて居りますさうで見物にくる人で大変なのださうですね……。」とある。

広大な庭は、当時としては珍しかったチューリップ、ダリア、ヒヤシンス、グラジオラス等の洋花や、幾種ものサツキなど四季折々の美しい花園であった。近所の人々にも公開され、観賞に訪れる人も多かったという。

一九二〇（大正九）年四月、光太郎から智恵子の母セン宛の手紙によると、

「拝啓　多忙にとりまぎれて御無沙汰いたし居候　昨夜銀座の辻村農園にてダリアの球根を選び荷造を丁寧にして直接農園より御送付いたすやう依頼いたし候、球には皆それぞれ名称を附するやうにとたのみ置候　多分小包郵便の事と被存《ぞんぜられ》候へば左様御承知おき被下度候　今日は要用のみに

て失礼いたし候……。」

　この美しい花園には光太郎も寄与していたのである。

　やがて長沼家が一家離散という悲劇を迎える中、母親をなぐさめる智恵子の手紙には、この花園に託す希望と夢を語るものもある。

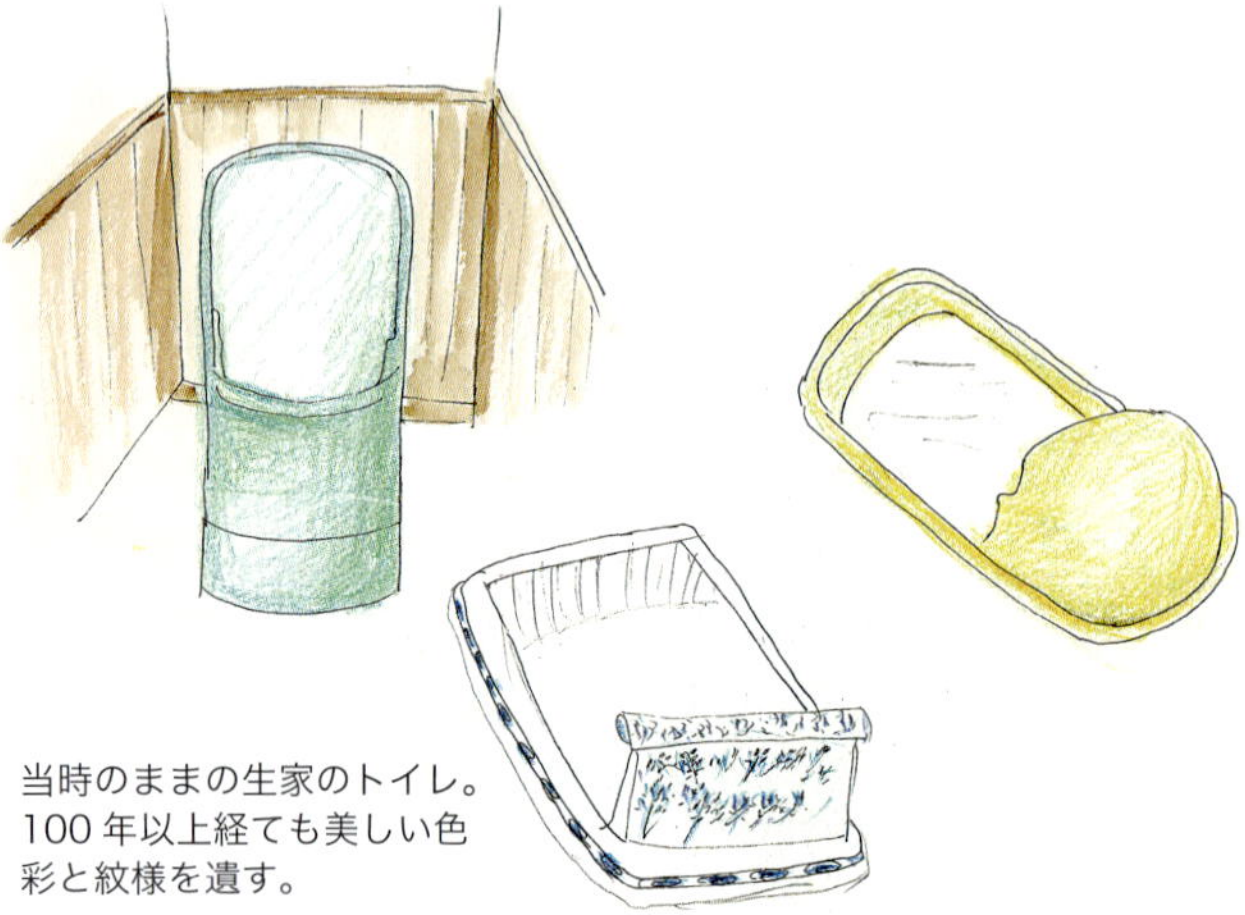

当時のままの生家のトイレ。100年以上経ても美しい色彩と紋様を遺す。

生家の土蔵の米蔵。現在も住居として使われている。

　いつ訪れても、今なお四季を彩る花が風にそよぎ、まるで笑顔の智恵子が迎えてくれるようでうれしくなる。

美しいトイレ

　さらに、目を見張る一級芸術品にトイレがあった。当時は隠居部屋と渡り廊下になっていたが今は使われていない。現存する三つの便器はそれぞれに上品で、グリーン色のものともう一つの便器は白地の九谷焼で、藍色で野山の草花が細かく描かれ周囲は曲線で縁どりされていた。

　屋根は銅板造りで一枚毎の先端が反り上っており美術工芸品のようであった。

　内部には母屋同様に障子がはめられてあり少しの歪みもなかった。トイレというより、こぢんまりとした居室を思わせる美的空間であった。

　生家全体に、智恵子の美意識の原点が浮上してくる。

✲米　蔵

『智恵子抄』にも酒蔵のことが書かれているが、一緒にあった米蔵が、隣家の遊佐家の敷地に当時のまま現存している。

現在は住居用として使用されているが、百数十年の歴史を刻みながらほとんど修理してないという。奥様は、結婚以来この蔵に住んでいるが、冬は暖かく夏は涼しく、とても快適だと語っておられた。

花園も、トイレも、この土蔵も現在は遊佐家の所有になっているが現状を大切にされている。

✲智恵子記念館

智恵子生家の敷地内に智恵子記念館がある。平成四年四月十七日のオープンで、当時の酒蔵をイメージした構造になっている。一歩足を踏み入れると、写真でおなじみの若かりし頃の智恵子が柔和な顔立ちで迎えてくれる。実に美しい人である。

智恵子の紙絵や自筆の手紙や絵等、智恵子を最も身近に感じられる貴重な資料が大切に展示されている。

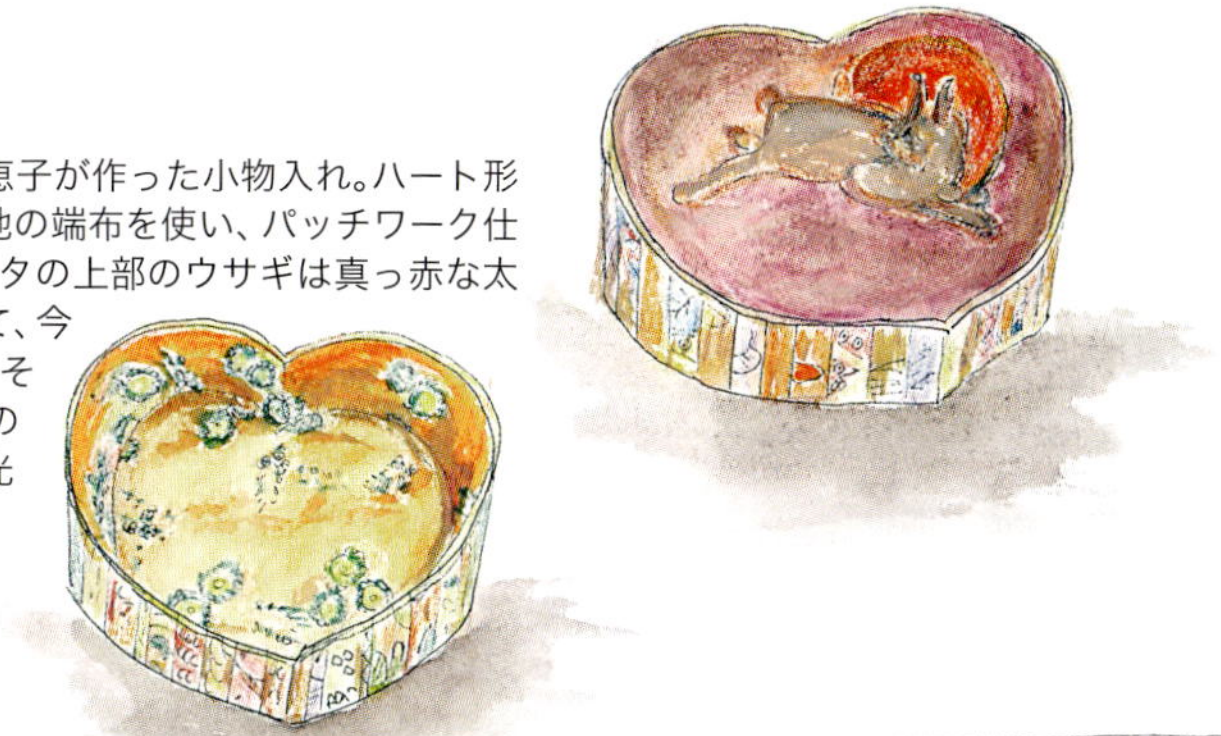

妹のために智恵子が作った小物入れ。ハート形の土台に着物地の端布を使い、パッチワーク仕上げである。フタの上部のウサギは真っ赤な太陽に照らされて、今にも動き出しそうだ。智恵子の美的センスが光る。

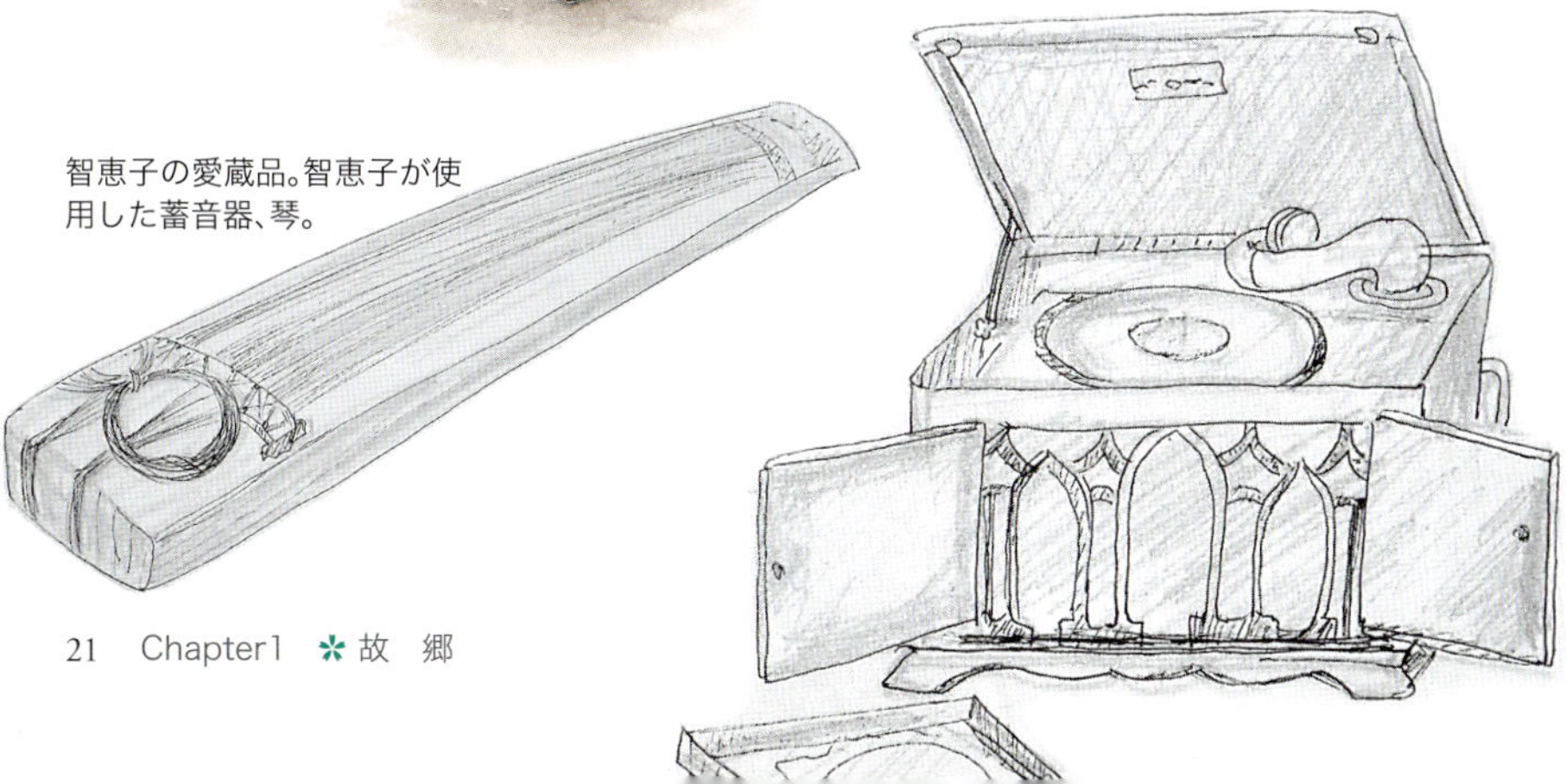

智恵子の愛蔵品。智恵子が使用した蓄音器、琴。

幼少の頃から何でも一番に優れていたといわれる智恵子の足跡や、ひょうきんな智恵子の素顔の一面もしのばれる。ここは智恵子のふるさとと、そして生まれた所、ここで智恵子は今も元気に生き続けている。

智恵子の杜（愛の小径）

智恵子が子供の頃に遊んだという裏山の小高い丘は、現在「智恵子の杜」となり、市民の憩いの場として整備されている。

智恵子の杜。雑木林の樹間から安達太良山が美しくそびえるのが見える。

稲荷神社。智恵子は子どもの頃から小さな手を合わせていたのだろうか……なじみの遊び場であった。
裏山の広大な松林は、かつては長沼家の所有林であった。

熊野大神。智恵子が書いた筆文字の碑。

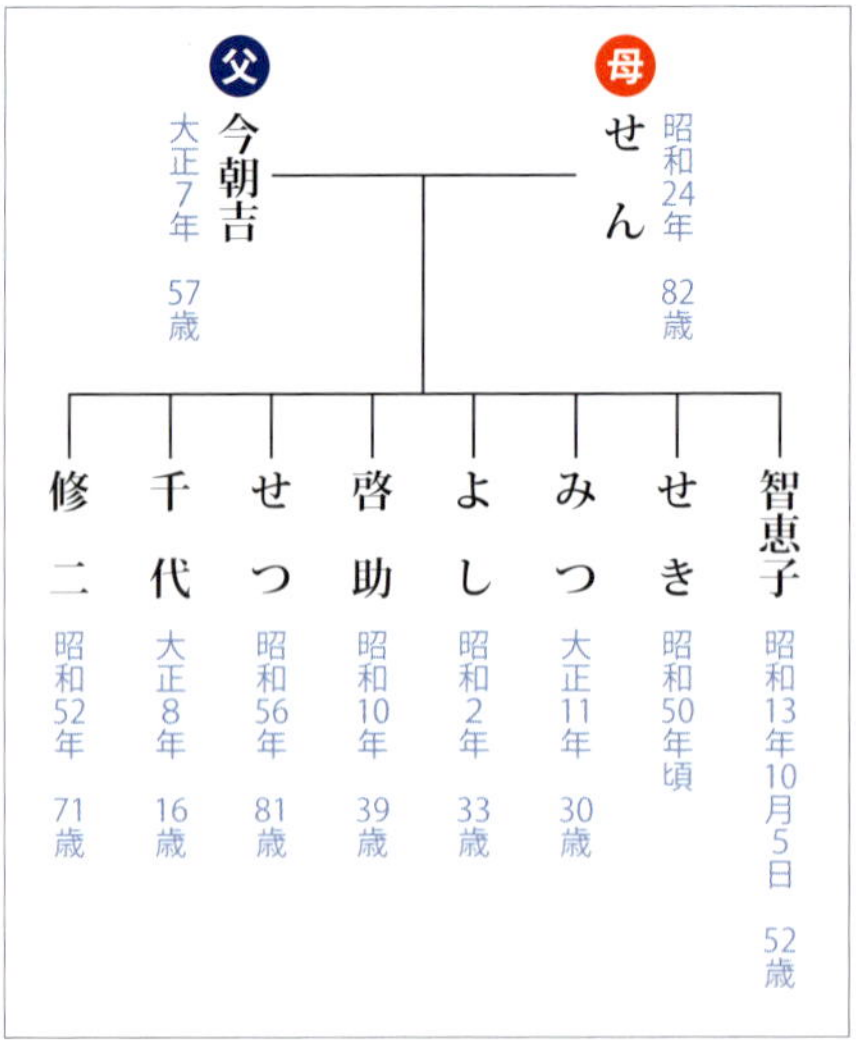

長沼家系譜

智恵子の丘公園。

智恵子純愛通り記念碑。
高村規氏による揮毫。

杜の小道の途中に鎮座する稲荷八幡神社の境内には、智恵子が揮毫した熊野大神の碑が建立されている。

この碑は大正六年十月十日、地元漆原町南屋敷氏子中によって寄進されたものと記されているが、刻まれた文字を指でなぞってみると雄渾でのびのびとした筆跡におどろいた。

智恵子の芸術感覚の豊かさが書法からも伝わってきた。

鞍石山

稲荷八幡神社から更に登ると「樹下の二人」の原景となった杉木立に囲まれた鞍石山へと行き着く。二人がその下に佇んだ松の木は今はないが「樹下の二人」の碑が建立されている。

眺望満点のこの地から西側に安達太良山を仰ぎ眼下には東側に阿武隈川が流れて「あどけない話」の原風景がここにある。智恵子ならずとも感動がこみあげる景観である。


愛の小径。智恵子が光太郎を案内して訪れた道。落ち葉掃きの隣にまだ花をつけたアジサイが咲いていてまるで天国のよう。

「あどけない話」

昭和三年五月

智恵子は東京に空が無いといふ、
ほんとの空が見たいといふ。
私は驚いて空を見る。
桜若葉の間に在るのは、
切つても切れない
むかしなじみのきれいな空だ。
どんよりけむる地平のぼかしは
うすもも色の朝のしめりだ。
智恵子は遠くを見ながら言ふ、
阿多多羅山《あだたらやま》の山の上に
毎日出てゐる青い空が
智恵子のほんとの空だといふ。
あどけない空の話である。

こどもの詩

安達太良《あだたら》山の
ファッションショー

武藤　大晟《たいせい》

春は花のジャンパー
夏は緑のTシャツ
秋は紅葉のズボン
冬は白い雪のぼうし
ほんとの空のステージで
ぼくたちにほほえみかける
安達太良山は美しい

これは、2015（平成27）年1月12日付読売新聞に掲載された、武藤大晟さんの詩である。詩の評には…「ほんとの空」は、高村光太郎の詩集『智恵子抄』に書かれた福島県の安達太良山の上にひろがる青い空のこと。その青い空の下で書かれた詩（長田弘）…とある。
四季を通して美しいファッションで装う安達太良山を見つめる目と心の輝きが、まるで映像のように美しく伝わってくる詩である。

鞍石山から安達太良山を望む

安達太良山の「ほんとの空」標柱。

安達太良山頂に立った著者。

安達太良山山頂から下山途中の八合目の岩場で出会ったリンドウ。

温泉のあるくろがね小屋。下山途中、待望の温泉というご褒美。濁り湯でかけ流しだ。青森ヒバの香りのする湯舟と白い湯の花に元気がわいた。

『万葉集』から『智恵子抄』へ

安達太良の　嶺《ね》に伏す鹿猪《しし》の　ありつつも
我《あれ》は　至らむ　寝処《ねど》に去りそめ　（万葉集より）

安達太良山は、前出の歌を含めて三首も日本最古の歌集『万葉集』に詠まれていることにも注目したい。光太郎の『智恵子抄』は、一三〇〇年の悠久のときを経て、見事に安達太良山をうたいあげている。どちらも愛しい人を思いしのぶものである。

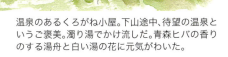

福島県三春町出身で、女性として世界初のエベレスト登頂を成し遂げた田部井淳子さんは、幼少期に登った安達太良山が「山の人生」を導いてくれたと述べておられる。

さてこの私、友人の助けを借り、永いこと悲願だったこの安達太良山頂に立つことができたのは、二〇一三（平成二五）年十月七日であった。台風一過、標高一七〇〇メートルから見上げる空は、どこまでも広がり、まるで吸い込まれそうな澄んだ青さであった。多くの登山者はこの「ほんとの空」を見たくて登ってくるのであろう。

樹下の二人

この詩碑を背に前方には、遠方に阿武隈川が流れ、身体を半回転すると、安達太良山、後方は吾妻連峰が広がる。

光太郎、智恵子が手を取り合い、息弾ませながら歩いたここまでの道を地元の人たちは「愛の小径」と呼んでいる。このロマンチックな道を、詩集『智恵子抄』とカメラ持参でパートナーと訪れたら、座るもよし、立つもよし、散策もお勧めのコースである。

空に向かい両手を拡げて深呼吸をすると、実に心地好い。この丘に佇み、安達太良山に向かってこの詩を口ずさみながら空を見上げると、智恵子のいうほんとの空がそこにあった。

訪れるたびに出合う風景は、いつも変わることなく悠久の自然を今に伝える温もりを感じる。智恵子にとっての故郷は智恵子のすべての原点であり、その心象風景は芸術の才能を醸成するのに大きな影響があったと推量される。

智恵子生家の墓所。

満福寺。ジローが迎えてくれる。

國指定名勝奥州安達ケ原黒塚（黒塚の岩屋）（上）と、
正岡子規句碑（下）。

長沼家の菩提寺・満福寺

満福寺には、智恵子の祖父母、両親、弟啓助、妹千代の四基の墓が現存している。智恵子献納による二対の円筒形の石の花立てが添えられている。いつ訪れても除草されきれいなお墓である。読売新聞二〇一四（平成二六）年十一月二日版の『智恵子抄』特集号で、住職の奥様の中村キンさん（七三歳）によると「智恵子さん、実家の墓は、私たちが面倒をみていますから安心してくださいね……」と心の中で話しかけながら、日々手厚くお世話をなさって、永代供養をされているとのこと。

　智恵子ファンというより、親族に似た感情が胸にひびき、感謝で涙が止まらなかった。お目にかかったキンさんは、若々しくてチャーミングなお方であった。

コスモスゆれる安達ケ原

安達ケ原の天台宗黒塚観世寺は、阿武隈川のほとりにあり、有名な鬼婆伝説の地でもある。初めて訪れたのは、「智恵子の里レモン会」会長の渡邉秀雄さんの案内でのことだった。おそるおそる門をくぐると、私の好きなコスモスが風にゆれて緊張をほぐしてくれた。副住職さんは教員だった渡邉さんの教え子とのことで、弾む話題が耳に心地好かった。

　境内には、笠石といわれる巨大な石組みの鬼婆が住んだといわれる岩屋、鬼婆の石像、資料室、正岡子規句碑など、歴史、文化の層の厚さを見せてくれる。

再訪は昨春、東京から賑やか女四人旅であった。周囲をピンクの桜が染める中、うっすら雪化粧の安達太良山と、土手向こうを流れる阿武隈川の瀬音に一同、声を失った。智恵子の案内で訪れた光太郎も、きっと心満たされた光景であっただろう。

智恵子物産の戸田屋商店

♪東京の空　灰色の空
ほんとの空が見たいという…♪

コロムビア・ローズの『智恵子抄』の歌に足を向けると、智恵子の生家の隣にある戸田屋商店である。

経営者の奥様の服部弘子さんは、智恵子と同じ、福島高等女学校の卒業生でもあり、『智恵子の里レモン会』の役員としても活躍されている。

店内は、日用品や食品のほか、智恵子

戸田屋さんで買い求めた花童。
愛らしさがたまらない。

油井小学校。開設時からのモダンな
校舎は現在も引き継がれている。

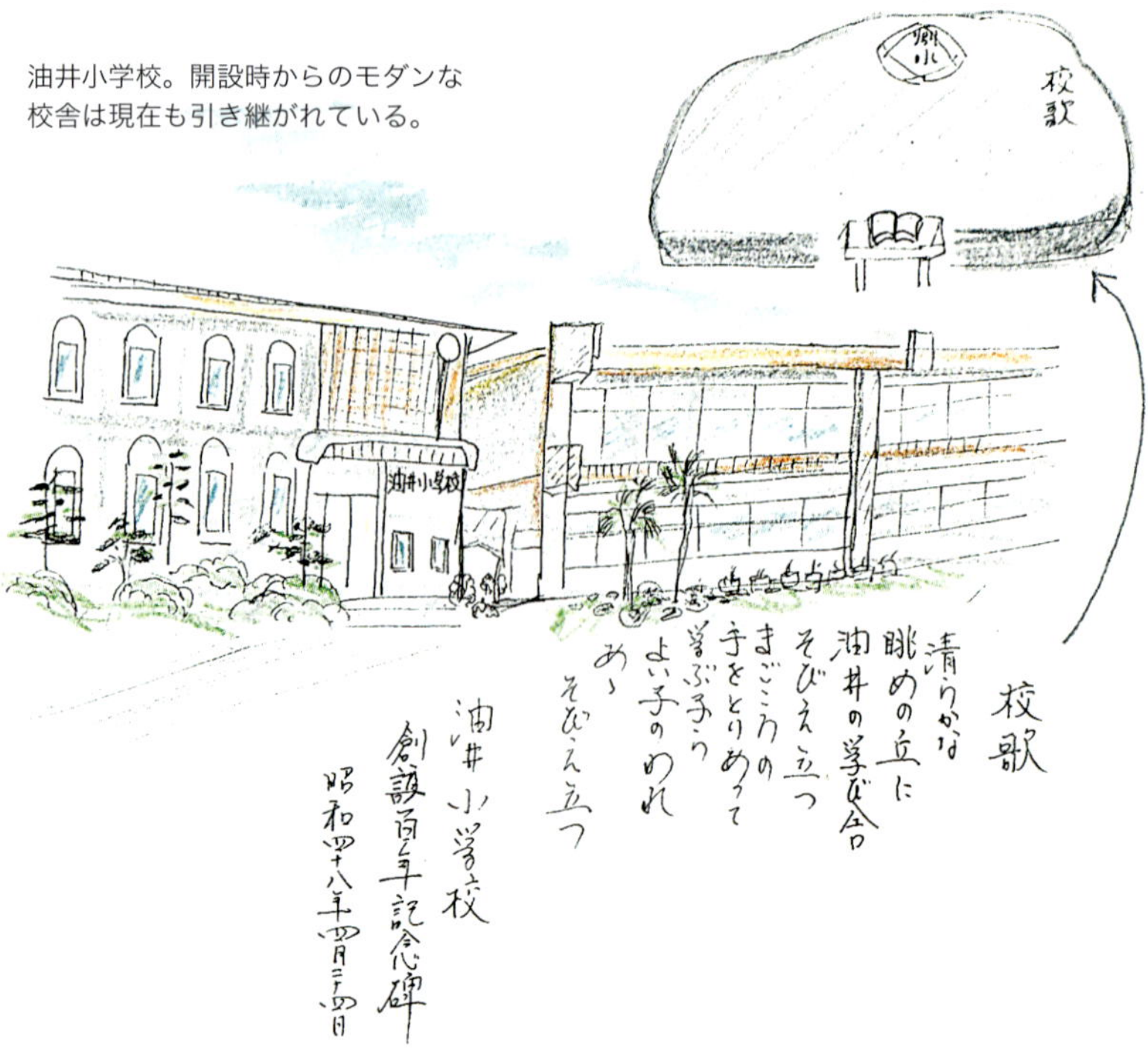

物産が並んでいて、智恵子ファンにとっては魅力的である。智恵子が愛用した地元の『川崎紙』を使った便箋や封筒はきめ細かくきれいで、必ず買うことにしている。平安時代より京都でも珍重された良質の紙である。

油井小学校の巨樹
（枝垂れ桜）。

油井小学校の巨樹
（プラタナス）。

いつも人であふれ、明るい笑顔と方言が、あたたかく包み込んでくれる居心地の良さは、まるで、「智恵子サロン」のようである。

小高い丘の油井小学校

『アルバム高村智恵子』（二本松市教育委員会）によると、明治二十二年七月の新築とあり、畑の中に建つ油井小学校新築記念の写真が紹介されている。

小高い丘に建つ校舎は二階建てで、玄関の上部には外につき出たバルコニーもありモダンである。

油井小学校の巨樹
（始学の松）。

智恵子が入学したのは、新校舎が完成した四年後の明治二十六年である。

文部省から学校令が発布された翌年に当たる。校門を入ると校歌と学校の所在地を表示した記念碑がある。

天空から、巨樹を通して智恵

子の息づかいが感じられた。美しい声とつぶらなひとみで歌う智恵子の声がきこえてきそうであった。

✲初挑戦の紙芝居

人生には予期せぬ転機が訪れるものである。縁あって初めての紙芝居の制作と実演につながった。

それは、二本松市立油井小学校長、伊藤雅裕先生の次の一声である。

「本の中の挿絵の感じで本校先輩の智恵子さんの生涯が分かりやすい紙芝居か絵本があるといいのですが……。」

本とは、初刊の自著『スケッチで訪ねる「智恵子抄」の旅』である。

まさか、偉大な人の一生を未経験の紙芝居で表現し、さらに智恵子さんの母校で演じることになろうとは…まさに青天の霹靂であった。

こういうとき、決まって光太郎の詩「道程」がよみがえるのである。

僕の前に道はない
僕の後ろに道は出来る

そして一世を風靡した「今でしょ…」。

完成した34枚の大型紙芝居（大作）を持って授業に参加

油井小学校で紙芝居を演じる著者。

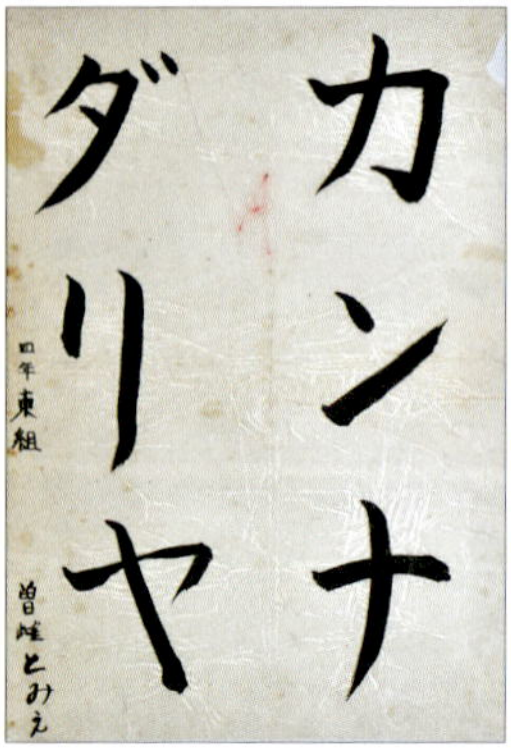

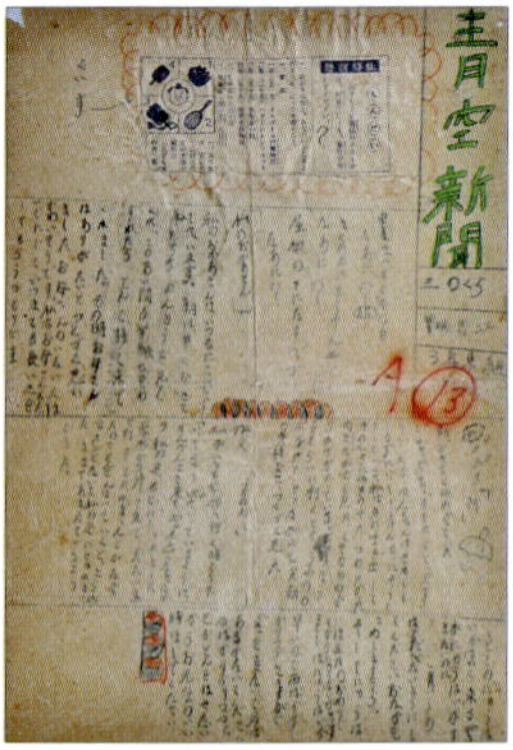

教材として用いた、著者小学生時の作品。

したのは、二〇一四（平成二六）年九月二十三日であった。貴重な体験に導いてくださった伊藤校長先生との出会いと、生徒さん一人ひとりからの心のこもったお手紙は、私の生涯において何物にも代え難い大切な宝物である。

行動を起こし、挑戦することから人生の扉は開かれることも学ばせていただいた。

智恵子マーチングパレードと紙絵

油井小学校では、毎年、先輩智恵子を称え、偲び、「智恵子抄」の曲にのせ、油井小学校から智恵子の生家までパレードをするのがならわしとなっている。

さらに一九九六年から始まる「智恵子紙絵コンクール」には、全生徒が取り組み、他校も加わった幅広い活動となっている。

これらの作品から十六作品が『モモの智恵子抄楽譜集VOL・1』（有限会社モンデンビューロー発行　詩／高村光太郎　詩曲／モンデンモモ　編集／解説／合唱編曲／小山弘明）に掲載され見ることができる。

ふるさとの風景や歴史、身近な体験など自由課題で、どれも明るくのびのびと表現されていて素晴らしい芸術作品となっている。

モンデンモモさんはご自身で『智恵子抄』の詩を作曲され、美しい歌声にして日本中に届けてくださっている。小山弘明さんは現在、高村光太郎連翹忌運営委員会代表でもある。

お二人の才溢れる活動にはいつも脱帽である。

空を染める提灯祭り

二本松の提灯祭りは、日本三大提灯祭りの一つで、二本松城主であった丹羽光重公以後三七〇年前から続いている。

毎年十月四、五、六の三日間なので、地元での智恵子を偲ぶ「レモン忌」とセットに私にとっては毎年の楽しみの一つである。

勇壮に練り歩く威勢のいい若者のかけ声と、お囃子《はやし》を奏しながら黒闇を真っ赤に染める提灯は幻想的である。

東京から駆けつけた友人たちと見物しながらの冷えたビールは格別であった。

智恵子が幼少の頃から見続けてきた祭りを、時を得てこうして楽しむことができるのは、至福の時間といえる。

智恵子の里レモン会会長の渡邉秀雄氏より、昔から、地元の人たちはこの祭りの日には必ず食べたと伺っていた料理の「ざくざく」。宿泊先の「かねすい智恵子の湯」で初めていただいた。キュウリ、ダイコン、ニンジン、豆、レンコンなどがさいの目にきれいに切られて上品な味噌汁仕立てであった。

智恵子も幼少の頃から食べていた馴染みの郷土料理を、智恵子の生家のすぐ近くで食べていることが無上の喜びであった。

二本松の提灯祭り。

熊谷さつきさんが丹誠込めた枝豆は天下一品。お土産にいただき、ビールで乾杯となった。

二本松の郷土料理「ざくざく」。

霞が城の花霞。

二本松市内・大隣寺にある
二本松少年隊の墓。いつも美
しい花が手向けられている。

木村純子さんが大切に育
てた、グロキシニアの花と、
かねすい「智恵子の湯」の
庭先の栗の実。

智恵子の答辞文

それまでの年は答辞を読むのは、声のきれいな生徒が登用されていたが、この年は群を抜いた成績の智恵子が答辞を読むこととなった。

明治三六年三月、『福島民友新聞』に掲載された。

翌年の明治三七年から福島県立高等女学校へと学校名が変わる。

今日こそ卒業證書授與式を擧させらるる我等この盛典に列ることを得るは偏に校長の君を始め奉り諸先生の懇なる教導に依れるなりあはれこの果てもなく限りもなく御いつくしみ何に譬へてか謝し奉るべきはたいつの時にか忘るべき學びの業に限りあれば今日この庭を立ち離るゝもひたすら畏き勅語の趣旨に従ひさとし給ひし日頃の御教をしるべとして婦女たる道を踏迷ふことなく天晴本校卒業生たるの名譽を保たんことをつとむべしと思ふ心を一同に代りて聊か答ひ奉るになん

三月十五日　卒業生惣代　長沼ちゑ

福島高等女学校の頃の智恵子（明治35年）。

二本松駅前のモニュメント。

Chapter 2

学び舎の頃

都会の生活①…東京

夢いだき日本女子大学校

「聞いたかね。長沼さんとこの智恵さん、東京の女子大学に行くっつうこと……」

「ああ聞いた聞いた。おったまげたよぉ。金持ちの娘さんだから東京の大学にでも行かせてもらっぺが、あんまり女が勉強すると嫁のもらい手がなくなるでなあ……」


油井村のあちこちでこんな言葉が囁かれていた一九〇三(明治三六)年の春。女に学問は無用。多くの女性は、口減らしのため子守りや女工に出される時代だった。

羽二重の寝具、数々の調度品……婚礼のような豪華な荷物に大きな夢と希望を乗せて智恵子は三月に上京。四月、目白にある開校二年後の日本女子大学校に入学した。

設立者　成瀬仁蔵

成瀬仁蔵は、明治二十四年から三年間アメリカに留学し、

日本女子大学正門

キリスト教の勉強、教育機関や宗教、社会教育施設の視察などを行い、アメリカ人の家庭にも滞在した。その経験の中で、日本に女子の高等教育機関を設立する決意をする。

渡米後、まもなくの日記には次のような記述がある。

「余の目的、世界の枠を蒐集して世界第一の教育・家政・社会・会社・宗教を吾日本に建つるにあり……」と宣言されている。小国日本の一人が、世界第一の教育を目指した志の高さと実践に畏敬の念を深くするものであり、そこには智恵子が生涯を貫く精神を確立したキーワードがあると思う。

明治三十四年（一九〇一年）四月二十日に五一〇名の新入生を迎えて、成瀬仁蔵は日本で最初の組織的な女子高等教育機関である「日本女子大学校」を開校して初代校長に

日本女子大から約5分の日無坂と富士見坂。前方には新宿副都心のビル群が広がる。

大学構内の巨樹「ゆりの木」

日本女子大学校時代の智恵子。

日本女子大学校バスケットボールのユニフォーム姿の五人。前列中央が智恵子。

就任した。

教員数は約五十名（外国人教師三名）で発足している。

設立に当たって、次のような世評と反対論が一部にあった。

一、女子の脳髄は高等教育に耐えず

一、女子に高等教育の知識を授くる時は女徳を害する

一、女子の教育は健康を犠牲にする

一、家庭に入る女性には不要

等々男社会の封建時代における女子教育の弊害論や女性蔑視の強い意見もあったが、成瀬仁蔵校長は、根深い批判に屈することなく女子大学校を設立し、その教育理念は、自学自習、創造性と実践的授業、体育教育では、個人差を尊重した健全な身体育成をモットーとした。

知育・徳育・体育の三本柱の中から、女子の健康について、体育の実践活動のエピソードを取り上げてみたい。

一九九八年六月号の月刊誌『東京人』を見ると、その表紙を飾る集合写真の五人の中央に智恵子が写っていた。思いがけない発見であったが、その写真とは、日本女子大学校バスケットボールのユニフォーム姿の五人であった。

幅広の襟とロングスカートの裾に白のラインが入り、モ

日本女子大学寮。猫の散歩道。

目白駅。明治18年3月16日開通。
智恵子が利用した駅。

日本女子大学とは徒歩15分ほどのところにある学習院大学。智恵子は白馬に乗った乃木学長の有志を見かけたことがあっただろうか。現在も学内には乗馬クラブがあり、多くの馬が共にいる。

ダンさを強調したバスケットボール競技用のウエアであった。

成瀬校長は、女子の社会性を重視して、協調性、即ちチームワークの育成の方針として、独自のルールを加えてバスケットボールを推奨している。

服装も教育の一環として、学生の自主的発案を採用し、経済的でかつ衛生的で、美的感覚を重視させている。

後に智恵子は、皺にならない合理的な袴の改良や、手描絵の帯を考案しているが、モダンなバスケットボール用のウエアのデザインも、智恵子の発案ではなかったのかと思えてくる。

智恵子は、運動神経と度胸のよさは群を抜いていたといわれるが、表紙の写真からも、誇らしげに自信にあふれた表情が読みとれて、心身ともに充実した学生時代を物語っている。

創業は天保年間の桔梗屋。現在は高級呉服屋だが、店主によるとデパートのはしりで、棺桶以外はなんでも売っていたとのこと。日本女子大学も近く、得意先の多くを占めていたのだろうか。

最初の運動会

のちのちまで、有名になった日本女子大学の第一回の運動会は、次のようなプログラム（日本女子大学校「校内重要記事」所収）によって開催されている。

プログラムは各学部の特色が生かされ、ユニークな種目の中には現在も受け継がれているものもあり興味深い。観戦者ともども満場歓喜につつまれたことと思う。日本女子大学から目白駅寄りの文京区高田に「夢二ギャラリー」がある。そこの理事をされている笠井千代さん（夢二の有名な「黒猫」のモデルとされている、笠井彦乃さんの実の妹・九十二歳）は、「当時の日本女子大学校の運動会は有名で、近くに住んでいた竹久夢二は毎年これを楽しみにし、訪れていたときいている」と話して下さった。

渋沢史料館の『「女大学」から女子大学　渋沢栄一の女子教育への思い』の資料によると、当時の新聞にも、

「……自転車のマーチ、ゲーム、何れも興がある。閑雅なる紅袴の一隊長　袖を微風に翻して、軽く毬を投げ、或いは集まり　或いは散じ、軽々として舞ふ有様は、胡蝶の戯むるに似てゐる……」と書かれたとある。

また

「……自転車乗りは女性にふさわしくないとして非難もありましたが、それは乗り様によるのだということで、

一九〇一年（明治三十四年）十月二十二日
王子飛鳥山　渋澤男爵別邸内ニ於テ第一回運動会催ス

（一）	唱歌（君が代）	職員生徒　一同
（二）	旗送り競争	高等女学校一年級
（三）	提灯競争	同　　三年西組
（四）	配膳競争	家政学部　一年級
（五）	百足競争	高等女学校二年級
（六）	唱歌（月の姿）	高等女学校三年東組
（七）	登校支度競争	高等女学校五年西組
（八）	毬投競争	高等女学校五年寮組
（九）	盆鞠競争	高等女学校三年西組
（十）	和歌組合せ競争	国文学部　一年級
（十一）	綱曳き競争	高等女学校三年東組
（十二）	裁縫競争	高等女学校五年西組
（十三）	唱歌（去年の今夜）	高等女学校五年東西
（十四）	盲唖競争	家政学部　一年級
（十五）	手毬あやつり競争	高等女学校五年西組
（十六）	札拾競争	国文学部　一年級
（十七）	翻訳競争	英文学部　一年級
（十八）	盲目籠伏せ競争	高等女学校三年西組
（十九）	唱歌（孤鶴）	高等女学校二年級
（二十）	輪投ケ競争	英文予科　一年級
（二一）	御駕籠競争	国文学部　一年級
（二二）	気球煽競争	高等女学校四年級
（二三）	輪抜ケ競争	英文予科　二年級
（二四）	陸上短艇競争	国文学部　一年級
（二五）	千鳥競争	家政学部　一年級
（二六）	盲目旗取競争	高等女学校三年西組
（二七）	バスケットボール	国文学部・家政学部・英文学部
（二八）	職員競争	
（二九）	唱歌（秋の月）	生徒一同
（三十）	軽気球打揚	

（※このプログラムは、『図説　日本女子大学の八十年』35頁より転載）

運動会の種目として選ばれ、その実演が喝采を博したのです」と記されている。

第一回（明治三十四年）は、飛鳥山の渋沢邸の庭園で開催されたが、第二回以降は、日本女子大学校の校内で開催し、見物客も増えている。

智恵子が初めて参加した明治三十六年の第三回目の様子が日本女子大学校四〇年史の中に、次のように記されている。

「……前回に於て世の活目を惹き始めた本校の運動会は俄然人気を博して午前十時頃には既に入場者三千人を突破し、前回の例に従つて千五百人位と予定してゐた各係を忙殺させた。当日の入場者五千余名、家政学部の生徒は来賓の午食に供ふる為めに、前夜来夜を徹して、すし、サンドウィッチ、菓子等を用意してゐたが間に合はず、俄かに各寮舎一釜づつ四斗余りの御飯を炊き、ライスカレーを急造して間に合はせるといふ始末であつた。……」

智恵子も紛れもなくその一人だったのである。

・自転車のマーチ、ゲームで風を切る智恵子
・モダンなウエアで興じたバスケットゲームの智恵子
・競技用音楽で美しい声を響かせていた智恵子
・料理作りと配布に走り回っていた智恵子

……など智恵子の姿や動きがスクリーンで見ているように伝わってくる。

最も健康的で明るく強靭な智恵子であったことも想像される。

さらに翌年の明治三十七年第四回目の時には、来場者が八千人となり人数制限されたとのこと。

音楽教育

成瀬校長は、女子の情操教育の原点として、音楽教育にも力を注いでいる。

開校式祝歌をスタートにして、記念日や行事を歌で迎えている。運動会のプログラムに、唱歌を何回もとり入れているのも興味深い。

智恵子在学中の明治三十六年から四〇年までに歌われたものに、「木植えの歌」・「桜楓会会歌」・「旭日の御旗」・「運

動会の歌」などがある。
創立記念日には、「木植えの歌」が流れる中、校庭では毎年植樹が行われている。「木植えの歌」とは、毎年、創立記念日に行われる記念植樹の儀式の中で合唱される歌で、戦前までは毎年、新しい歌詞につくりかえられていた。現在、歌われているのは次の歌詞である。（※プレ日本女子大学一〇〇周年「歌詞と写真でつづる　うた・一〇〇年」展より）

「木植えの歌」　大学部用

一、われらが　はずめる　こころもて
いましも　ううる　このわかぎ
あふるる　ひかり　みにあびて
ちからの　かぎりに　のびよかし

二、あめにも　かぜにも　うちかちて
おおしく　つよく　さかえかし
われらの　きよき　いのりもて
きねんの　わかぎを　ううるなり

「木植えの歌」　中学校・高等学校用

一、そそぐ光も吹く風も
明るい春を歌うとき
いのりをこめて　まなびやに
友よ植えよう　この若木

二、さくらかえでの若苗に
明日にのびゆくすこやかな
若いいのちの　よろこびを
託していわう　このよき日

智恵子が入学した明治三十六年四月には檜、杉、山茶花の苗木千二百本が植えられている。

智恵子が在学中に運動会で歌われた主な曲目に「孤鶴」・「世界の祝捷」・「常夏姫」・「わたり鳥」・「花売り」・「かざしの花」・「虹の歌」・「月の姿」・「自転車マーチ」・「御国の花」・「大菊小菊」・「鶴ヶ岡」・「テニスの歌」・「去年の今夜」・

「秋の月」等がある。

倫理学からの抜粋

ここに掲げる文章は、明治三十八年五月十日の「成瀬仁蔵講話」からの一部である。

この資料は、『成瀬記念館二〇〇八　成瀬仁蔵生誕一五〇年記念号』で発表されたものである。

「……今日ハ social control、ト云フコトノ続キヲオ話致シマショウ。我々ハ五十年ノ間ニ第二ノ維新ヲ成就スベキモノ、殊ニアナタ方ニ其ノ責任ガアル……社会ヲ改進スルトカ教育ヲ改革スルトカ云フ事ハドーシテモ家庭ニヨラネバナラヌ……是ハ真ニ女子ノアタマヲ開発的ニ教育セネバナラヌト云フ事ノ必要ヲ確信セシムベキ証拠デアルト信ジマス。……一度人間ガ決心ヲスル時ハ決シテ恐ロシキモノノアル事ナシ……家庭ニ向ヒ社会ニ向ヒ第二ノ維新ヲ成就……以下略……」

三年生であった平塚らいてう（本名・明）は、講義の後に成瀬をつかまえて質問攻めだったとのこと。

この時、智恵子は家政学部の二年生であり、直接に聴講していると思われる。校長の理念が智恵子に大きな感化を与えたにちがいない。

「社会を変えるも家庭を変えるも個人の力が大事。しっかり学び賢く生き、第二の維新を成就せよ！」と激しい口調で檄を飛ばしている。

成瀬講堂。明治40年４月11日、第四回卒業式がここで挙行された。卒業生総数148名。この中の一人が智恵子である。

声にして読んでみると、智恵子と並んで、成瀬校長の倫理学講座を学んでいるような錯覚にとらわれて妙であった。

成瀬講堂

日本女子大学校の中で歴史上の筆頭の建造物に、成瀬講堂と成瀬仁蔵旧宅がある。

成瀬講堂は、智恵子在学中の面影を偲ぶに十分な建築物である。

成瀬講堂のステンドグラスの窓。

関東大震災でかなりの損傷を受けたというが、土台は当時のままにしっかりしている。

ステンドグラスも無傷で、当時のままと説明されたが神々しく見えた。智恵子はこの講堂の地下室で、文芸会の劇の背景画を描いていた。

『日本女子大学校四十年史』によると「明治三十九年十一月二十六日、桜楓会及び本校大学部合同主催になる秋季文芸会に、四内親王殿下及び五皇族宮妃殿下（中略）閑院宮妃智恵子殿下、東伏見宮妃周子殿下、山階宮妃殿下、北白

成瀬講堂土台レンガ。智恵子はこの地下室で劇の背景画を描いた。

川宮武子女王殿下、北白川宮擴子女王殿下の各宮殿下であらせられた」と多くの内親王殿下の御成りの状況が記されている。智恵子が描いた背景画は、まさに舞台の中心にすえられた大作の名画のようであっただろう。

皇族のお一人が智恵子と同名なのも親しみが感じられる。

この時の盛儀を記念して発行された「三つの泉」で、智恵子はこれら内親王殿下方の顔写真にみごとな飾りのカットを描いてもいる。スズランや洋花がモダンに配されていて、智恵子の感性やセンスと豊かな画才にはおどろく。

地下で使用された名残りの煉瓦が、当時のまま土台や壁面にはめ込まれている。

この講堂で、智恵子在学中に講演された方に、澁沢栄一、大隈重信、エール大学教授のラッド、米国大使のライト等がいる。

その後には、ハーバード大学総長のエリオット、ビクトリア大学総長のヴァーワッシ、コロンビア大学教授のモンローなど成瀬仁蔵の人脈のひろさを物語っている。

この講堂の正面には、高村光太郎が十四年の歳月をかけて制作した創始者成瀬仁蔵の胸像が設置してある。尚、成瀬仁蔵旧宅には画家柳敬助による成瀬仁蔵のスケッチ画がある。

成瀬校長の告辞

明治四〇年四月十一日の「家庭週報」第九六号には、卒業式での成瀬校長の告辞文が掲載されている。

要約して一部抜粋してみると

「来賓諸君、父兄保証人諸君、本日は諸君の前に於きまして、本校第四回卒業生並びに附属高等女学校第六回卒業生に卒業証書を授与し、且つ一言《いちげん》の告辞《こくじ》を逃《の》ぶる光栄を荷《にな》ひます事は、非常の喜びとし、且つ諸君に向ひまして謝すべき事と思ひます」から始まり、成瀬の女子教育の神髄とする、女子を人間として、国民として教育する事の大切さを重ね重ね語りながら、女子といえども人格をもって主体的に行動することの重要性を述べている。

午後は、卒業生の企画による、文芸会とバザーが開催されている。智恵子の奮闘ぶりが想像されて心が弾む。

明治40年日本女子大学校卒業写真。前から２列目、左から４人目が智恵子。前列右から２人目が広岡浅子。

明治40年の家庭週報96号の広告ページ。当時の世相が反映されていて興味深い。智恵子も使用していたであろう。

学友が語る智恵子のエピソード

学友たちが語る智恵子のエピソードのいくつかを拾い集めてみることにする。

●女子大の家政学部に籍を置きながら、自由選択科目の洋画教室ばかりに出ていた。

●みんなが運動会だなんて騒いでいても、門外漢といった顔で、絵具箱を肩に通り過ぎていった姿は眼を引いた。

●何ごとにも〝ホープ〟〝天才〟として映った。

●福島の実家から送ってきた柿の一部を寮の押し入れに保

管して、寮友たちとこっそり食べあさった。

●買い食いが禁じられていたが、デッサン用の食パンと称して食べていた。

●寒い大学の講堂の地下室で長い袖をたすきでくくりあげて、真夜中まで連日一人で文芸会の背景画を裸足で小走りしながら描いていた。

●たたむ必要のない無精袴《ぶしょうばかま》を考案したり、手書き模様の美しい帯を作ったりした。

●テニスでは、内気で骨なし人形のようにおとなしく静かな人が、激しい強い球でネットすれすれに打ち込み、悩まされた。

●大学の運動会のよびものの一つであった自転車競技は、必ず先頭を切っていた。

青春輝く学び舎

学友たちの目に映った智恵子は、ユーモアあふれ、明るくお茶目な実像と、何ごとにも群を抜く〝ホープ〟〝天才〟であり、マドンナ的な存在は衆目の的であったことが頷ける。日本女子大での四年間は、創立者成瀬仁蔵の薫陶と精神を全身で受け、何はばかることなく、群を抜いた才能を開花させながら、人生の中で最も輝いていた女学生智恵子を語るに充分である。

まだ女性の登山は珍しい一九〇六（明治三九）年、友人上野ヤスと富士登山をしている行動力にも注目したい。その後、乗馬、スキーにも及んでいる。

智恵子が卒業した翌年には日本の美人コンテストが始まり、一位は仙台市の末弘ヒロコ（十六歳）が選ばれている。さらに末弘は、世界美人の第六位をも飾る。ちなみに第一位はアメリカ、二位はカナダであった。新時代の幕開けである。

智恵子のことば

日本女子大学を卒業してからの智恵子は、様々な形で多くのことばを残している。私は心うたれる次の三つの言葉の列記を試みたい。

●あなた御自身、如何なる方向、如何なる境遇、如何なる場合に処するにも、たゞ一つ内なるこゑ、たましひに聞くことをお忘れならないやう。この一事《いちじ》さえ確かならあらゆる事にあなたを大胆にお放ちなさい。

それは最も旧く最も新しい、成長への唯一の人間の道と信じます故。

限りない細部についてはのぞみませぬ。


◉世の中の習慣なんて、どうせ人間のこさへたものでせう、それにしばられて一生涯自分の心を偽つて暮すのはつまらないことですわ、私の一生はわたしがきめればいいんですもの、たつた一度きりしかない生涯ですもの。

この二つの言葉は、自分の人生を歩き始めようとする若者にとって、人それぞれの人生でとまどいを感じたときの、なんと力強いエールだろうか。

◉選挙権が与えられたら、リンカーンのような政治家を選びませう。大地にしつかり誠実な根をもちまつすぐに光に向かう喬木のやうな政治家がいたら有頂天になつて投票するが、尊敬し信じられる政治家がいなかつたら棄権しませう……。


女性に参政権がなかった時代に「新しい女」を標榜するだけあって、鋭い論旨はむしろ現在にこそ求められる精神ではないだろうか。

「人民の人民による人民のための政治」こそリンカーン大統領の正義であり、智恵子の目に映る政治家のお手本であった。

現存する成瀬仁蔵旧宅

日本女子大学の一角、緑あふれる木立の中に、明治にタイムスリップできる建物が遺されている。

一九〇一（明治三四）年の大学創立から生涯暮らした成瀬仁蔵校長宅である。

現在、文京区指定文化財「旧成瀬仁蔵住宅」となっている。

純和風の二階屋は、成瀬こだわりの増改築が行われ、採光がなされた書斎には、大量の和洋書が収められる工夫がされている。

自らも大工道具を手にしたという。全室に大きく開かれた窓からは、常に大学構内と学生寮を見渡すことができた。風を切って自転車で走ったり、桐の画箱を肩から下げ、颯爽と歩いたりする智恵子の姿もキャッチされていたことであろう。

目を引くものの一つに「書見台」がある。オーケストラの指揮者が使う指揮台に似ていた。

成瀬記念館学芸員の大門泰子氏によると、成瀬は、思索時、書物を手に室内を歩くことが日常的であり、効率的に本が見られるように工夫された書見台であるとのことだった。

大工仕事は、周囲がハラハラ、ヒヤヒヤするほどの危なげな腕前だったとのことだが、その行動力は何とも微笑ましい姿ではないか。

寝室は、時を経た今なお、時間が止まったような錯覚すら覚えた。

成瀬仁蔵旧宅。

洋画家・柳敬助のスケッチ画の中の成瀬は、穏やかな表情で、あたかも話しかけてきて、遠い彼方から声が聞こえてくるような感じがした。

目白界隈に古くから住んでいる方々が、「戦後、何もない頃、日本女子大学の庭で日曜日にいろいろな映画を見せてくれて嬉しかった。洋画もあった……」と語ってくれた。開校以来、地域に根ざした文化の殿堂としてかけがえのない存在であったことが伝わってくる。

二〇一五年十月からのＮＨＫの朝の連続テレビ小説の『あさが来た』は、明治の女傑といわれた広岡浅子がヒロインである。

日本女子大学の設立にも大きく関わった人であり、成瀬

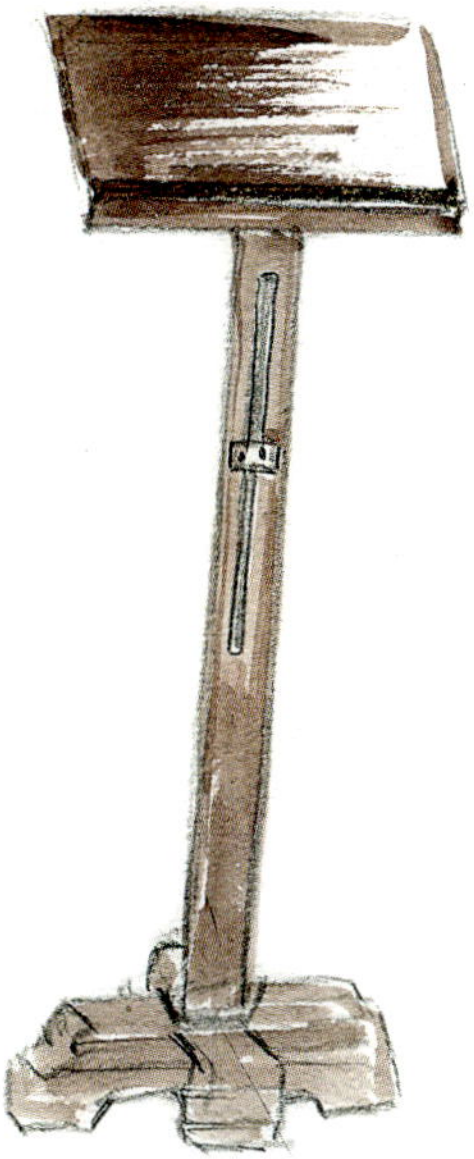

成瀬仁蔵愛用の書見台。

成瀬仁蔵ここ雑司ヶ谷霊園に眠る。後方に池袋サンシャインビルが見守るかのように顔を出している。

仁蔵とともに、画面でどのような展開になるのか楽しみだ。智恵子は、開校三年目の入学生である。

✻芸術家サロンの街雑司ヶ谷

智恵子は、明治四十四年九月から大正三年十二月まで、妹のセキと雑司ヶ谷に住んだ。

最初の住所は、府下高田村雑司ヶ谷七一九番地で、現在の豊島区南池袋三丁目十五番十三号であり、東通りに面した前田第二ビルになっている。地下には今流行のインターネットカフェがあり、裏側は、瀟洒なマンションになっている。ひときわ目立つブルーのタイルの壁面は、一瞬、福島の五色沼で見た「青沼」のコバルトブルーの水面に似て印象的である。

当時の雑司ヶ谷には、留学後の新進画家や、多くの文化人が住んでおり、女子大生たちが押しかけたといわれている。

現在の雑司ヶ谷719番地。ブルーのビル。

東京の雑司ヶ谷は、弦巻川が江戸川橋付近で神田川に合流するまでの西方に広がる地域で、林や畑、野原が広がるのどかな地であった。

鬼子母神を中心に、春は桜からひなまつり、夏の市、一大行事の「御会式《おえしき》」団扇太鼓の響き、天に聳える大銀杏、巨樹のケヤキ並木の参道、にぎやかな酉の市、七福神めぐりなど、江戸時代から変わらぬ風景や風情には、私たち日本人に大切に受け継がれている光景が大切に遺されている。

現在の雑司ヶ谷711番地。

鬼子母神。子育ての神様が祭られ、日本最古の百度石がある。
江戸情緒たっぷりで今にも銭形平次が現れそう。

妹・セキと暮らした雑司ヶ谷で、智恵子は多くの絵を描いている。

太平洋画会研究所で机を並べた画家の斎藤与里、坂本繁二郎や柳敬助、津田青楓や文士の正宗白鳥、内田百閒……等が「雑司ヶ谷の会」をつくっていた。

夏目漱石は、緑濃く静かなこの地を好み散歩にもよく訪れていたという。

智恵子は、一流の文化人や芸術家が住む環境で、積極的に交流を重ねて、多くの影響を受けていた。

二番目の住居は、府下高田村雑司ヶ谷七一一番地ですぐ近くへの転居であった。

現在の、豊島区南池袋二丁目十四番地五号にあたる。上野精養軒での結婚披露宴までであった。

愛の告白

大正元年「或る宵」という光太郎の詩は、二人に対する世間の中傷にはこのように記している。

いやしむべきは世の中だ
恥づべきは其《そ》の過中《かちゅう》の矮人《わいじん》だ
我等は為すべき事を為し
進むべき道を進み
自然の掟を尊んで
行住座臥我等の思ふ所と自然の定律と相戻らない境地に
至らなければならない
最善の力は自分等を信じる所にのみある
……後略……

この詩が書かれた年の六月は、光太郎のアトリエが完成し、智恵子はお祝いにグロキシニアの鉢植を持参。八月には、犬吠埼に滞在中だった光太郎を訪ねて共に過ごしている。

二人への世間からの中傷に対して、毅然と発するこの詩に続いて、光太郎は、同年十一月には詩「郊外の人に」で

わがこころはいま大風の如く君へむかへり／愛人よ／いまは青き魚の肌にしみたる寒き夜もふけ渡りたり……

と詠《うた》っている。二編の詩からは、郊外に住む人（智恵子）への愛の告白と、世にはむかい全身全霊を傾けた二人の強い愛が伝わってくる。

智恵子はここから、谷中区真島にある太平洋画会研究所に通い、この時期に『青鞜』の表紙絵を描いている。構図が洋風に画かれているのも新しい感化があったと思われる。当時の新しい女と評されていた智恵子の意識の高さが目に見えるようである。

鬼子母神

当時、鬼子母神から雑司ヶ谷霊園界隈には、雑木林とススキと野の花があふれており、画材に恵まれた風景とともに心癒される静かな環境であった。それはふるさとにも重なり、智恵子も好んでスケッチに訪れている。

現在の街並みは、戦火をのがれた昔ながらの家屋が残り江戸時代の面影がしのばれる。鬼子母神の境内には、一七八一（天明元）年創業で、二百三十年の歴史を誇る老舗の川口屋さんがある。宮崎駿作品の有名な『おもひでぽ

ろぽろ』にも登場するお店である。私達世代にはなつかしい駄菓子がきれいに並んでいて、どれも人気である。十三代目を継がれている内山雅代さんによると、江戸時代にはあめや（アメ屋）と言われていた。鬼平が活躍していた時代の創業だそうだ。お母さんから「まるで歌舞伎役者の行列のような、あでやかな着物姿の娘さん達が参詣されていたのを覚えている」と聞いたとのこと。雑司ヶ谷鬼子母神堂（「江戸名所図絵」所収）一八三四（天保五）年によると、現在と大きく変わらない景観で描かれている。社殿は一六六六（寛文六）年に安芸藩主浅野侯の奥方が造営し寄進したもので、広島の宮大工五六人によって建立されたことが刻まれている。拝殿の回廊と屋根の形式や本殿の後方の小さな鳥居に祀ってある妙見様は今も昔も同様である。町絵師である長谷川雪旦が描いた境内の風景には、人物の表情や行動が多彩で表情豊かに描かれていて、見る者の心を陽気にさせる。

江戸人の営みや風俗の一端に当時を想起すると、限りなく画中の一人になった気分で実に楽しい。参詣土産は、「川

鬼子母神の大イチョウ。
子授けイチョウと呼ばれている。

雑司ヶ谷の郷土玩具・すすきみみずく。
商売繁盛の縁起物。

神社に寄進された江戸時代から残る力石。「オーソレソレ、ソコソコ〜まだまだ〜」と応援する観衆の声が聞こえてくるようだ。

口屋の飴」、「風車」、「すすきみみずく」、「角兵衛獅子」であった。近くに狩場があり、将軍様の鷹狩の折にはこれらを土産にされていたとのこと。きっと智恵子も川口屋の飴を口にほおばりながらスケッチしていたであろう。

雅代さんによると当時のアメは昭和二十八年頃までは製造販売されていたという。智恵子が手にした川口屋の飴袋は現存しないが、近くの豊島区立郷土資料館には、袋に印刷された絵柄の版木が保存されている。「二〇〇五年度第二回企画展図録」（編集・豊島区立郷土資料館）に掲載されている絵柄を書き写してみたが、戦国武将の軍配のような豪華さである。

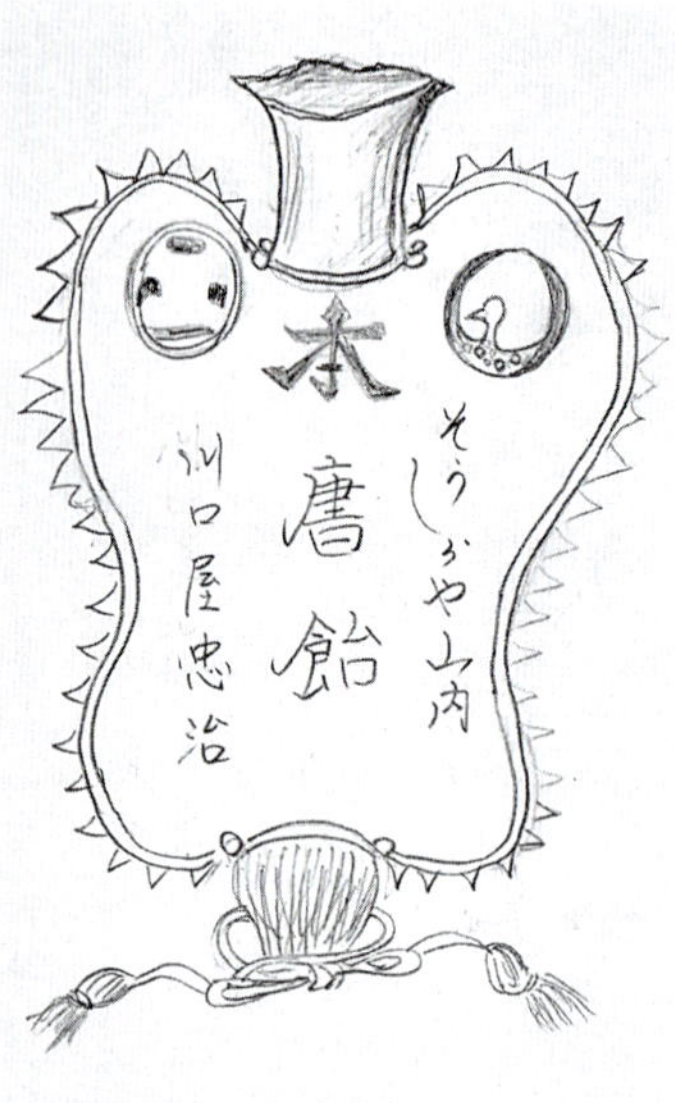

川口屋の飴袋の版木。
豊島区郷土資料館編集「2005年度第二回企画展図録」より転写。

鬼子母神境内にある
創業1781年の駄菓子屋・川口屋。

袋には「川口屋忠治」の屋号が記されている。
さらに「雑司ヶ谷鬼子母神堂」（江戸名所図絵）によると「門前両側に酒肉店多し、飴をもって此地の産とし、川口屋と称するものを本元とす。其家号を称するもの今多し」とある。

雅代さんの日課は、早朝から境内の掃除で始まる。落葉の頃は二時間かかると笑顔で話された。腰痛を抱えての作業は年々厳しいであろうが、一本一本の樹木を語るお顔は、まるで愛しい我が子を語るように優しい。

鬼子母神への深いまなざしと、十三代目「川口屋」店主の凛としたお顔に会いたくて、訪れる人も多い。東京のど真ん中にあり江戸時代の面影が色濃く残っている。ここ雑司ヶ谷地域の歴史のまちづくりの取り組みが、二〇一四（平成二六）年十二月十六日、公益社団法人　日本ユネスコ協会連盟から「プロジェクト未来遺産二〇一四」に登録された。

失われつつある豊かな自然や文化を子どもたちに残そうとする活動であり、東京都では、神楽坂、谷中に続き三番目である。全国では四九団体となっている。さらに増えていくことを願いたい。

「おばあちゃんこのアメちょうだい」
「ハイ十円です　おつり一万円……」

こんな楽しい会話を、愛猫の石松が寝ながら聞いている姿も微笑ましい。

土砂降りの雨の日以外出会える光景である。

雑司ヶ谷は、目の前にサンシャインビル（昭和五十三年四月六日完成）があり池袋駅からも近い。自宅からも至便なので、私にとっては身近な生活圏でもある。

鬼子母神のお会式。

memo

花あざみ

Chapter
❸

画家への道

クローバー

都会の生活②…東京

太平洋画会研究所

日本女子大学校在学中から美術への傾倒を深めていった智恵子は、両親を説得して画家を志し、大学卒業後の明治四十年太平洋画会研究所に入学する。

日本女子大学校の教授であった松井昇は、太平洋画会の前身の明治美術会の創設にも関わり、洋画の指導者でもあった。

当時、東京美術学校（現芸大）では女性の受け入れはしていなかったが、太平洋画会は女性研究生に門戸を開いていた。

研究所は開始以来盛況で、明治三十九年には男女一〇〇余名が在籍していた。

太平洋美術会百年史によると、研究所の規則と教授陣は次の通りである。

第一　本研究所は主として洋画彫刻の修養を確実ならしむるを以て目的とする。

第二　科目を分かちて臨画石膏像写生、人体写生、水彩画とし別に彫像、遠近法、解剖学を加ふることあるべし。

第三　昼の部午前四時間　夜の部三時間乃至三時間半……

（略）

（以下第四～九略）

教授主任　河合新蔵　満谷国四郎　石川寅治　新海竹太郎

水彩画教授　丸山晩霞　大下藤次郎（以下割愛）

明治三十八年十一月

智恵子が学んでいた時の内容である。

智恵子の幻のデッサン見つかる

新聞の大見出しに私は体が震える程の感動であった。マスコミも大々的に報道して芸術界に大きな衝撃をもたらした。

しかも平成十一年五月に開催された第九十五回太平洋美術展に特別展示されることとなり、上野の東京都美術館に走ったのを覚えている。長沼智恵子のサイン入りの「ビー

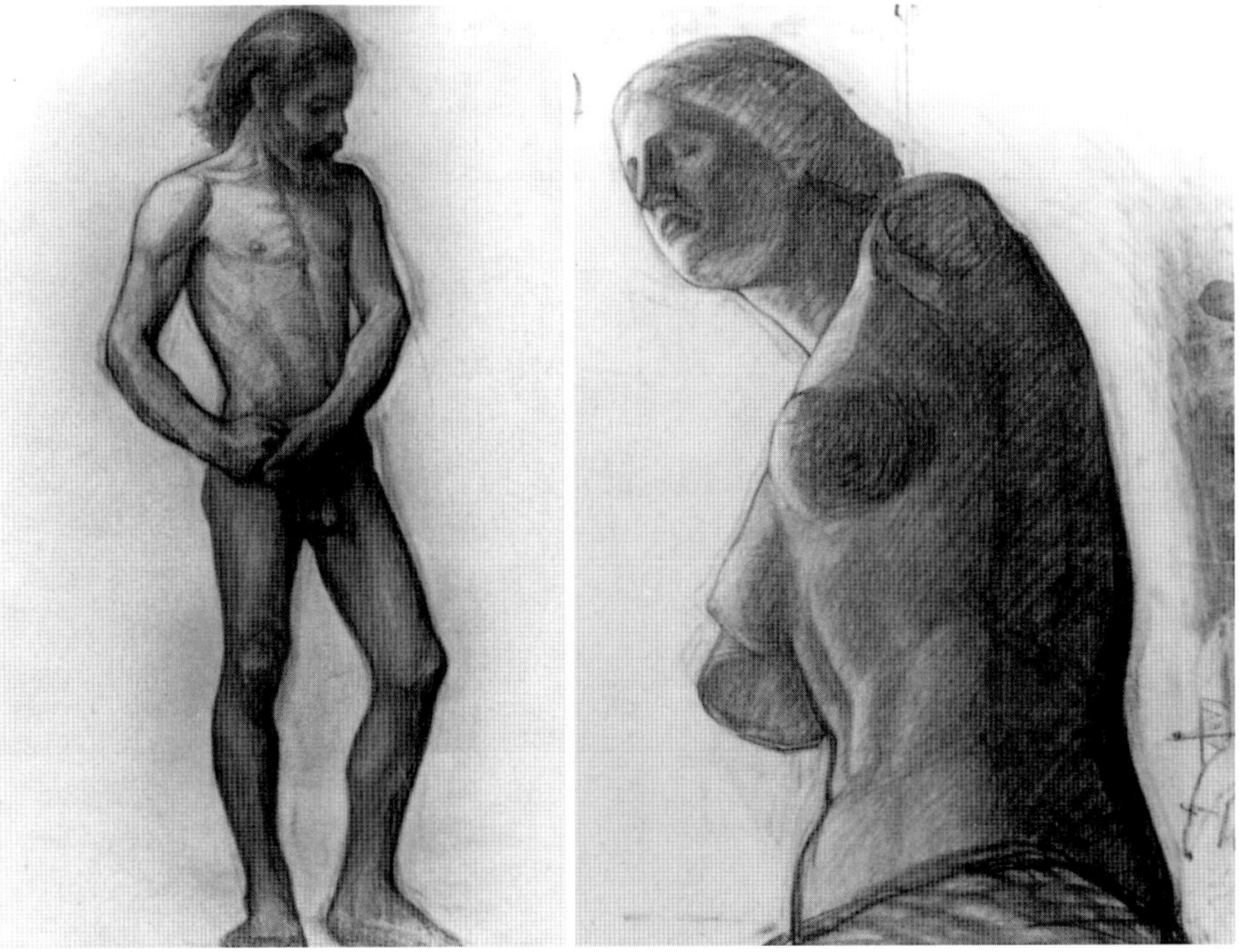

智恵子のデッサン「裸夫」(左)、「ビーナス」(右)。1999・「太平洋展」P．7より借用。

ナス」と「裸夫」の二枚のデッサンが会場に華々しく飾られ大盛況であった。

太平洋画会研究所で描かれた智恵子二十二歳の頃の作品と推定され、一〇〇年の時空を越えて眠りから目ざめた作品であった。私には、智恵子が天から舞い降りてきたと思える。まさに、太平洋美術会と著者との出会いの二枚である。デッサンの所有者である福岡県大牟田市の画家故佐々木義雄は、智恵子と同時期に研究所で指導者であった。輝かしい歴史の一頁と絶賛である。現在このデッサンは、二本松の智恵子記念館に所蔵、展示されている。

むずかしい構図だが線に迷いもなくていねいに描かれていて、生身の人間の鼓動と息づかいが聞こえてくるようであった。

智恵子と一緒に学んでいた仲間のひとりは次のように語っている。

「智恵子は全体をそれこそ、すみからすみまで模倣して正確に描いた。裸の男女のモデルの場合、その象徴はぼかして描くのが当時の習慣であったが男の象徴までデッサンをしっかりやっていた。写実を重んじ、いやらしさもなく真っ正直さがあらわれていた……」

中村不折の指導は、瞬く間に評判となり、多くの画学生が詰めかけた。ライバルの黒田清輝率いる白馬会の若い画学生たちも徒党を組んで入学してきた様子を、中村彝《つね》は、一九二一（大正十）年の東京朝日新聞で語っている。

太平洋画会はデッサンを重んじていた研究所であり、後年、光太郎も智恵子のデッサン力をほめていたといわれている。デッサン力の見事さは、晩年の「紙絵」からも納得させられる。

余談だが、画家絹谷幸二は、デッサンについて『美術の窓』二〇一四年三月号で次のように述べている。

デッサンはすべての表現の要、どんな作品であっても、その根底にはデッサンによって培われた「目」と「技」が生きるデッサンは絵画の骨格を成すもの、自分の思いやイメージのエッセンスである要素を確かめていく、あるいは探っていく一番最初の大切な作業、絵を描くことは、己を知り、人間を知ろうとする学問である。人間とは何か、自分とは何かということがデッサンの内側にはりついている……食べる、愛する、戦う、これはいかなることにおいても不変、デッサンはそれが何かということを探ろうとするもの、またデッサンすることは、自分たちの故郷に還る、つまり原点に立ちかえって未来へ近づく発想となる。

デッサン力にまだまだ及ばずの私にとってこの一文は、デッサンのすごさ、生きるエネルギーを人生に置き換えて考えてみるきっかけとなった。

前出の智恵子のデッサンは、まさに氏のメッセージにふさわしい作品であると思う。

現在の太平洋美術会と、智恵子との深い関わりを目のあたりに実感し、会場に三回も走っていた私であった。

「好きな画家はセザンヌ。ゴーギャンもいい……」

「ロダンをおもふことは自分のいまの生活に、糧となって輝いてゐる。たくさんの星のなかで、この二人をかぞえて、今はうらみとはしまい……」と『女流作家の美術観』「美術新報」で智恵子はのべている。

明治四十三年前後は西洋画が国内に入り、セザンヌ、ゴッホ、ルノワール、ゴーギャン等の先駆的後期印象派画家達の画集が、手に届くようになってきた。

のちに日本で本物のセザンヌの絵が紹介されたのは、一九二一（大正十）年京橋で開催された「白樺美術館第一展覧会」であった。

「帽子をかぶった自画像」「休息する水浴の男たち」が展示されている。このときの智恵子三五歳、尊敬する師とも仰いだセザンヌに心弾ませて、きっと足を運んだことだろう。

智恵子の住む雑司ヶ谷界隈は、ヨーロッパ帰りの新進芸術家達が多く住んでいた。新しい風を受けながら、智恵子独自の芸術が展開されたことは推量される。そして時代を超え、師を超えて、思想や理念の先取りをしていたともいえる。

当時描かれた「青鞜」の表紙絵と、現存する三枚の油絵（静物・ヒヤシンス・樟）などに力強く現われている。

太平洋画会にはフランスのアカデミー・ジュリアンで学んだ留学生が多かった。

そして、アカデミー・ジュリアンの如く、作品を持ち寄り、批評会やコンクールを開き、賞を設定して競い合っていた。

こうしたことは現在では当たり前のことだが、当時の日本では太平洋画会のみであったとされている。

画学生智恵子

研究所で、ともに学んだ仲間には、中村彝、中原悌二郎、鶴田吾郎、堀進二、川端龍子、宮崎与平らとともに、毎日のように顔を出していた荻原守衛、戸張孤雁という、近代美術の第一線を築いた男性たちがいた。

まだ女性への偏見が強い中、智恵子を含め、四名の女子画学生が在籍していた。

その一人の埴原久和代は、智恵子より七歳上で山梨県出身、兄が外交官で霞ヶ関の外務省官舎から通っていた。後にヒュウザン会、二科会にも参加している。

一方の渡辺文子（のち亀高）は画家を父にもち女子美術学校卒業後の入学であった。第三回文展で「白がすり」が入選、人物を描いて此絵の右に見るものはいない……とまで評され、有望な新進画家として注目を浴びる。

太平洋画会のメンバーであった夫（宮崎与平）と若くして死別後は、絵の才能を生かして、広告、絵本、雑誌の挿絵等で活躍している。

後にいちばん若い野村しづ子が加わる。誰もが左手を袖口から出しているのを見たことがなく、右手だけで何もかも器用にこなしていたが、智恵子が何かと世話していたことを、仲間の画学生は語っている。

研究所での智恵子は、教授の中村不折の厳しい指導のもと、力量、技術力、描画力が問われる難関であった人体部教室で学んでいた。

日暮里の太平洋美術会研究所。

ともに学んでいた斎藤与里は、留学の経緯からセザンヌ、マチスなどを挙げながら、己の感じたものをそのまま描くという不動の精神を貫くことが大事であると述べ、光太郎は鋭い文展評と芸術家の絶対の自由を宣言し、思うまま、見たまま、感じたままを臆せずやることであると、「緑色の太陽」で発表している。

師から忠告されたエメラルドグリーンの多用をやめなかったという智恵子の根底には、この二人の芸術論からの感化も察せられる。

セザンヌといえば、描く原点を〝見ること〟に頑固にこだわり、自らを「頑固爺」と呼び、自分の信念を頼りに切り開いた孤高の画家と称されているが、芸術への挫折を最も味わった画家ともいわれている。十七年かかって、やっと画家の登竜門であるサロン（官展）に入選している。

一方、智恵子は、初出品で文展に落選後は出品の足跡はない。もし、セザンヌの精神で挑み続けていたら、違った人生があったかもしれない。

智恵子の美意識

現在も若い女子学生が流行の先端を作っているが、今に始まったことではない。

海老茶色の袴に編み上げ靴、手書きの帯と、シワにならない袴の改良、やがてコバルトブルーのマントで足早に風を切る姿。さらに、着物の裾からわずかに見せる赤い襦袢、着物の合わせ（首元）のアクセサリー風のモダンな着物模様。真っ赤なセーターとスラックス、レースのパラソル…並べ上げたこれらの全ては、周囲で語られた智恵子であった。

大正ロマンを代表する画家・竹久夢二は、一九二四（大正一三）年の「恋愛秘話」にて、「…昔の女は、忍んできた。今の女は、歩いてくる」と書いているが、自分の意思で行動する女性を遠視していたのだろう。

「新しい女」と称され、憧憬と衆目の的だった智恵子こそ、中傷、批判を物ともせず、自ら考えたファッションも試みていたのである。まさに現在のファッションの先駆けである。智恵子の美意識は、終生変わることがなかった。

◉**書道博物館**
（本館と中村不折記念館）
所在地　台東区根岸2-10-4
電話 03—3872—2645

道路を隔てた正面には子規が晩年を過ごした子規庵がある

◉**子規庵**
所在地　台東区根岸2-5-11
電話 03—3876—8218

いずれも最寄り駅は、ＪＲ山手線・京浜東北線鶯谷駅北口より徒歩５分

最も新しい女流画家

斬新な着物の着方や、コバルトブルーのコートで風を切って走りぬけるファッショナブルな姿、絵では好んで使用したエメラルドグリーン色、仲間の面倒を細やかにみてあげるやさしさと気遣い、周囲を気にせず男性にも動じない強さ……など当時の様々な智恵子評が語られているが、どれも智恵子らしい溌剌さが伝わり、輝かしいスターのように私にはまぶしく映ってくる。これは、智恵子が一貫して大切にしていた内部生命（魂）を解放的な自由空間でのびのびと描き、人生を夢みて生きていた場所であり、〝最も新しい女流画家〟と称され世間に名を広めていた画家智恵子でもあった。

中村不折と正岡子規

太平洋画会の教授を務めていた中村不折は洋画家であり書家としても第一人者である。当時、正岡子規の絵の指導者でもあった。絵の材料を供し様々なアドバイスと励ましがなされている。ちなみに中村不折は夏目漱石の『吾輩は

猫である』の挿絵画家としても有名である。

お二人のことをさらに知りたい方には、隣接の書道博物館と子規庵を訪ねることをお勧めしたい。

✻太平洋美術会と著者との出会い

私事になるが、智恵子の描いた幻のデッサンが私と太平洋美術会との出会いをもたらせてくれたのであった。

作品は、格調が高く圧倒されながらの鑑賞だったが、訪れるたび感動する作品との出会いがあり、往時の智恵子を偲ぶことができ憧憬をもった。

私は絵筆に親しんできたものの、到底かなわない水準の高い作品を前にして、智恵子が志高く学んだ太平洋美術会で絵が学べたらいいな……と思ったのであった。

その後、地元の図書館で、偶然、日本の公募展を紹介する本に出会った。

その中に、太平洋美術会は、明治美術会から始まる日本で一番古い歴史ある美術団体であることと、審査基準が厳しく一般公募での入選は難しいと紹介されていた。

友人の薦めがあり、翌年の第九十六回展に応募したのであった。当時『智恵子抄』の旅のスケッチを始めていたので作品は『智恵子抄』シリーズの一枚で、審査基準最小の三〇号での応募であった。

そして初応募・初入選となった。

入選通知を何度も確認して、舞い上がって喜んでいたことがなつかしく思い出される。

その後、素晴らしい教授や仲間達に支えられながら、『会友』を経て『会員』になることができた。

会の御指導とともに、智恵子からは「思うまま感じるまま内なる魂を自由に描きなさいよ」との熱きエールとともに叱責の声が聞こえる気がする。智恵子さんが歩んだ道を今歩き出している私であることに不思議な縁を感じている。

太平洋画会は会の発展に向けて「洋々たること太平洋の如し」とのスローガンとともに命名された。

二〇〇九（平成二一）年五月十三日には、高円宮妃殿下のご臨席を仰ぎオープニングテープカットで太平洋美術会（明治美術会より）創立百二十周年を迎えた日本最古の美術団体である。

高円宮妃殿下も油絵を特別出品されて会場は大盛況であった。

太平洋美術会研究所授業風景。

著者の作品2点。
「花巻のコスモス」(上)
「阿武隈川上流」(下)

光太郎の母校・荒川区立第一日暮里小学校

智恵子が学んでいた当時の太平洋画会は、東京府下谷区谷中真島町一番地にあった。現在は荒川区西日暮里三丁目七番二九号にある。奇しくも隣には光太郎が学んだ荒川区立第一日暮里小学校があり、道路を挟んだ前方には光太郎がよく遊んだといわれる諏訪神社や寺々がある。ひぐらしの里として文人墨客に愛された江戸有数の景勝地であった。ここでも智恵子と光太郎の不思議な縁が興味深い。

　不思議な御縁はなんと、この私にも訪れたのだった。二〇一三（平成二五）年三月、六年生の総合的な学習に招かれ、教壇に立たせていただいたのであった。そして一年後には、智恵子の母校、福島県二本松市立油井小学校の四年生の授業への参加となるとは、まさに青天の霹靂である。

　隣の太平洋美術会に所属している私にとって、お二人との奇遇を感じずにいられない。

　第一日暮里小学校は、平成二五年度・二六年度日本学校図書館学会の研究推進校となっている。児童一人平均年間一四〇冊の読書数は、全国的にも群を抜いているであろう。居心地よい図書室や校内処々に気軽に本を読めるコーナー

諏訪神社

諏訪神社。右下方には、新幹線がせわしく走る。

ひぐらしの里
谷中ぎんざ

第一日暮里小学校の近くにある谷中銀座。江戸情緒にあふれている。

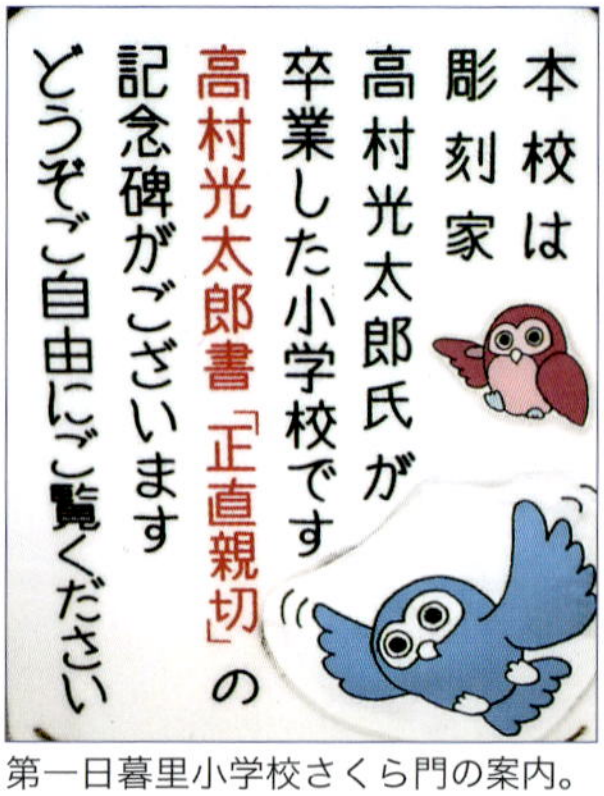
本校は
彫刻家
高村光太郎氏が
卒業した小学校です
高村光太郎書「正直親切」の
記念碑がございます
どうぞご自由にご覧ください

第一日暮里小学校さくら門の案内。

第一日暮里小学校六年生の総合的な学習の授業で、教壇に立つ著者。

光太郎筆の「正直親切」と、授業で使う著者の絵。

の工夫の見事さに頷ける。

先輩・高村光太郎の研究も盛んで、光太郎の詩の群読では、一年生でも「道程」を暗誦しているとのこと。六年生になると、卒業制作として一人ひとりが光太郎の研究のまとめをバトンとして残している。まとめというより立派な研究論文に等しいもので、驚いた。

構成、文章力、思考、洞察力。デザイン性やタイトルの工夫など、小学生とは思えない。

素晴らしい指導をされている先生方の熱きエネルギーと、先輩・高村光太郎への探究心、尊敬の念と誇りの気持ちがあふれている。

各教室には、光太郎の揮文「正直親切」が掲げられ、毎月の「学校だより」のタイトルでもある。いただいた羽中《はなか》田《だ》彩《さ》記《き》子《こ》校長先生の名刺にも印刷されている。

一階には光太郎コーナーがあり、かわいい座布団のベンチで、自由に光太郎関係の本を手に取って読める。拙著もおいてくださっていて感無量である。

さて、二〇一五（平成二七）年四月十四日には、キャロライン・ケネディ駐日米国大使が訪校され、詩の読み聞かせをプレゼントされている。後日、羽中田校長先生から

「本校の宝物である『読書活動』『英語活動』『本校卒業生・高村光太郎の詩』がアメリカ大使館の目に留まったようです」と伺うことができた。

光太郎の詩の力の偉大さを噛みしめるお話であった。「学校だより」五月号での羽中田校長先生は、詩の魅力「優しさ、強さ、そして知恵」を本校に贈ってくださった大使に、心から感謝します、と結ばれている。

君たちに

君たちに手渡す百年
君たちが築く百年
いっしょに此処で語り合おう
あしたの世界を

限りない時の流れの中で
百年はまたたく間だが
ここで無限の夢をはぐくんだ
万余の仲間たちがいる

その仲間たちの思いをこめて
いま二十一世紀を歩む
君たちに願う

自分に正直であれ
ひとには親切であれ

創立百周年記念事業協賛会贈呈（第二二代PTA会長　加茂行昭）

第一日暮里小学校「さくら門」
光太郎記念碑。

新宿「中村屋サロン」に花開いた芸術家

新宿駅東口から徒歩二分、新宿通りにある新宿中村屋は、光太郎、智恵子には縁が深い。

創業した明治四〇年に東京本郷から新宿に支店を出し、明治四二年に本店を新宿に移している。その当時の様子を、田辺茂一『わが街新宿』によると……お～い中村屋さん、電話ですよ～と怒鳴ると、お内儀さんの黒光女史が、背のタスキをはずしながら、飛んできた……と語っている。そんなのどかな時代であった。

電話の取り次ぎ手は、なんと現在の『紀伊國屋書店』創業者である。

現在に及ぶ新宿の文化芸術を担った双頭が、道路をはさみ斜向い合っていたのである。

創業者・相馬愛蔵・黒光（本名良）は「己の生業を通じて文化国家に貢献したい」という志のもと、芸術、演劇、

明治42年に新宿の現在地に移転した当時の中村屋。

喫茶部「日本の間」。『青鞜』同人会がこの部屋で開催され、智恵子も出席している。

新宿中村屋にて制作された荻原守衛最後の彫刻「女」。碌山美術館にてスケッチ。

文学その他広い分野で支援を行い、やがて「中村屋サロン」と呼ばれるようになった。

サロンを彩った顔ぶれは、彫刻家（荻原守衛・戸張孤雁・中原悌二郎）、詩人・彫刻家（高村光太郎）、洋画家（中村彝《つね》・斎藤与里・鶴田吾郎・柳敬助・布施信太郎）、洋画家・書家（中村不折）、歌人・美術史家・書家（會津八一《あいづやいち》）、舞台女優（松井須磨子・水谷八重子）など、近代日本の文化芸術を語る上で重要な面々である。昭和三年『青鞜』同人会が開催され、智恵子も訪れている。

サロンのメンバーの多くが、当時智恵子が学んでいた太平洋画会の教授や研究生であった。

中村不折は看板、布施信太郎は美術顧問として店内の装飾から商品の包装紙に至るデザインを担っていた。

さらにロシアの盲目詩人やインドの独立運動の志士をかくまうなど、国際的な幅広い支援、交流にも注目したい。

荻原守衛が中村屋の敷地内に造ったアトリエは、多くの人々が使用し活躍した。

その一人、柳敬助は、留学以来光太郎の生涯の友であり、妻は、智恵子を光太郎に紹介した八重である。

太平洋画会の若き芸術家たち。中村彝（後列中央）、鶴田吾郎（前列右端）、中原悌二郎（前列右から２人目）。

洋生菓子	一皿　二十銭
日本上生菓子	一皿　十四銭
アップルパイ	二十銭
カスタードプリン	十五銭
支那菓子	種々
牛乳（中村屋牧場産）	十銭
フルーツポンチ	三十銭
クリームソーダー	二十五銭
コーヒー・紅茶	各十五銭

昭和十年頃の喫茶メニュー。

子どもの頃、東京の伯母から贈られてきた中村屋の「かりんとう」や「月餅」は特別なお菓子であった。

日本の四季が南画風に描かれた包装紙や缶はモダンで、田舎には程遠い都会の文化の香りと美味しさが幸せにしてくれた。

中村屋。40年前目の前の新宿通りには
路面電車（都電）が走っていた。

現在、私が所属している、太平洋美術会の創設に深く関わっていた大御所によるデザインの銘菓に触れていたことは、何とも心うれしい。

布施協三郎の著書、明治の恋と青春『若き洋画家　布施淡』によると、戦火からの太平洋美術会の再建に尽力された、相馬夫妻が語られている。感謝の念あふれる想いである。

新宿中村屋本店は、二〇一四（平成二六）年十月、地上八階、地下二階の「新宿中村屋ビル」としてリニューアルされた。三階には、「中村屋サロン美術館」があり、新宿中村屋に咲いた一流の文化芸術に触れることができる。

また八階と地下二階のレストランは、豊富なメニューと心地良い趣向、サービスが行き届き、人気の印度カリーは、当時の味を守りながら長寿商品である。

相馬夫妻の経営理念が脈々と引き継がれながら、今年創業一一四年を迎える老舗《しにせ》である。

中村彝アトリエ再現

一九一六（大正五）年に建設された、中村彝《つね》のアトリエ兼住居は、震災、戦火からも逃れて、現在、新宿区立中村彝アトリエ記念館として一般公開されている。

当時ベルギーから輸入した赤い屋根瓦が空を突き抜けるモダンな洋風建築である。

新宿中村屋の長女俊子との恋愛に悩み、新たな芸術家人生も、持病の結核により命を縮めてわずか三七歳の短い生涯を閉じた家である。ここで描かれたロシアの盲目詩人（エロシェンコ像）の油彩画も展示されている。

智恵子と一時、ロマンスがささやかれた画家の赤い屋根の上には青い空が広がっていた。

この一帯は、大正時代、芸術文化村として多くの画家や文士たちが住んでいたところである。

新宿区立中村彝アトリエ記念館。

Chapter 4

光太郎との恋

彼岸花

都会の生活③…東京

「青鞜」と智恵子

「元始、女性は實《じつ》に太陽であった。真正の人であった……」と堂々と発した平塚らいてう（本名・平塚明子）の発刊の辞。

「すべて眠りし女《おなご》今ぞ目覚めて動くなる……」と詠んだ与謝野晶子の詩と、智恵子の斬新な表紙絵の『青鞜』は、世を驚かせた。初刊号の智恵子の表紙絵を多くの人はギリシャの美神のようと評するが、私は、ミュシャのポスター画の女神にも思えてとれる。

一八六〇年生まれのミュシャは、時代をデザインするポスター画家となり、パリの街角を彩っていた。貼られたポスターは、すぐに持ち去られるほど、絶大な人気作家となったのだ。

数年前、六本木で国内初のミュシャ展にクギづけになった。作品の女性像は、どれも凛として気品と優雅さを備えた「女神」のようであった。人物の周囲の花や果物や草木と流れるような曲線が流麗な画面をつくりあげている。しかもキャンバスではなく、紙の上である。

かつて、ミュシャはパリの画塾アカデミー・ジュリアンで学んでいる。太平洋画会にはこの画塾で学んでいた画家も多い。

また、智恵子の住んでいた雑司ケ谷界隈には、フランス留学から帰った新進気鋭の芸術家たちの多くが住んでいた。彼らとの交流を深めていた智恵子である。誰かしらミュシャのポスターを持っていたであろう。

智恵子による『青鞜』第1巻第１号（上）、第2巻第1号（下）の表紙。

新しい息吹に触れ、斬新な感覚の芸術家たちから感化されたことは想像に難くない。

智恵子が描いた『青鞜』の表紙絵は、ここ雑司ヶ谷で生まれたのであった。

『青鞜』の創刊当時は、日本女子大学校の楓寮に常備されていた謄写板を使用していたと、平塚らいてう（雷鳥）の自伝『わたしの歩いた道』に語られている。青鞜入社は、発起人四人中三人、社員の六割が日本女子大学校の同窓生で組織されていたというが、その足跡は、今日の女性運動の草分けとして活動が続いている。現在の男女平等参画社会への取組みの原点ともいえる。

智恵子は、創刊から三ヶ月後の明治四十四年に光太郎と出会い、表紙絵は翌年まで描いただけで「青鞜」を離れている。

短い青鞜社時代ではあったが、大正二年九月十日付の国民新聞は「青鞜」の運動と智恵子のことを次のように書いている。この頃の智恵子は、作家田村俊子との交友が盛んであった。

「……前略……　女の誇《プライド》に生き度いとか何んとか云つて威張つてる女、節操の開放とか何とか云つて論じ立てる女、之れが当世社会の耳目を集めて居る彼《か》の新らしい女である
長沼智恵子は矢張りさうした偉い考へをもつた青鞜社同人の一人である

智恵子と親交のあった田村俊子の墓。鎌倉東慶寺にて。

見た所は沈着《おちつ》いた静かな物言ひをする女であるがイザとなれば大に論じて男だからとて容捨はしない……後略……」（国民新聞の記事から）

と智恵子の人なりをも書いている。

「青鞜」での智恵子の足跡を知る、貴重な写真が残されている。青鞜社の新年会での様子である。

東京大森森ケ崎にあった「富士川」の庭の最前列中央の椅子に堂々と構えている智恵子をみることができる。なぜか皆、両手を着物の裾の中に入れているが智恵子の右手がしっかり見える。

光太郎と出会った頃の智恵子。

インターネットで調べると、当時この近辺には東海道品川宿の名残りがあり、旅館兼割烹店が二〇軒程あったとのこと。さらに競馬場や芸者置き屋と温泉も備えられた歓楽街であり、多くの文人墨客も絶えなかったとのことである。智恵子はその後も中村屋で催された青鞜社同人の会にも出席している。

運命の花「グロキシニア」

日本女子大の先輩の柳八重（画家柳敬助の夫人）の紹介で初めて光太郎を訪ねる道中、「静かな町ですこと」の智恵子の第一声に、八重は「相会《あいあ》うべく生まれたふたりの人が相会う日であった」と述懐している。

光太郎二八歳、智恵子二五歳であった。

その半年後の六月には、光太郎のアトリエが完成したお祝いに、大きなグロキシニアの鉢植を抱えて一人で訪ねる智恵子の姿があった。

青鞜を去る

智恵子は光太郎と出会ってからの一、二年はめまぐるしくいろいろ取沙汰されたが、光太郎は「郊外の人に」の詩で智恵子を初めて愛人と呼んでいる。

その後「山の上の恋」へとゴシップが続き、慌しかったが身心ともに最も充実した時期であった。

光太郎との出会いを転機として青鞜と決別した智恵子の心を察して余りある。

日比谷公園松本楼と氷菓

所在地：千代田区日比谷公園一―二

世は今、いみじき事に悩み
人は日比谷に近く夜ごとに集ひ泣けり
われら心の底に涙を満たして
さりげなく笑みかはし
松本楼の庭前に氷菓を味へば
人はみな、いみじき事の噂に眉をひそめ
かすかに耳なれたる鈴の音す
……
（智恵子抄「涙」より）

日比谷公園・心字池。

昼下がりの日比谷公園。ほのぼのとした光景に出会える楽しさもたまらない。

明治四十五年七月二〇日に官報号外で「聖上御不例」が発表された。

宮内省は、一日五回の御容体を発表して、皇居前は陛下の平癒を祈る人々で埋まっていたとある。

七月二十八日の夜、光太郎と智恵子は、松本楼の前庭でテーブルを囲み銀の器に盛られた氷菓子を愉しんでいる。

福島の郷里で、智恵子の縁談話が持ちあがり帰郷前のことであった。

二人で食べた当時の氷菓とはどういうものであったろうかと興味を持ち、私は『智恵子抄』の本を手にして松本楼を訪ねた。すると、当時は二種類の氷菓があったと話してくれた。

一つは、アイスクリームで、ボールの中に氷と塩を入れ、別の容器には牛乳と砂糖と卵を入れて撹拌する製法のものと、もう一種類は、今でいう「かき氷」状のものだったとのことだった。

取材中にお昼になったので、好物のオムレツとアイスクリームを注文した。

食後のアイスクリームは、口あたりがほどよく甘さもまろやかで、更には樹間を渡るさわやかな風が極上の贅沢な味をプレゼントしてくれた。このアイスクリームは、当時の製法と変わっていないとの説明だった。同席だったご婦人から「祖父につれられて、ここにはよくきました。変わらないことはいいものですね。なつかしい味と景色に若くなれるんですよ……」と語っておられた。

松本楼の創立は、日比谷公園の設立と同じく明治三十六

アジサイ

春と秋のバラ園は甘い香りと気品あふれる花がやさしく迎えてくれる。

雲形池。鶴の姿にうっとりさせられる。

旧日比谷公園事務所。明治期の稀少な近代洋風建築で東京都指定有形文化財。

明治43年開設の日比谷図書館。現在は千代田区立図書館に。

年であり、智恵子が日本女子大学校に入学した年である。

第一庭園の二羽のペリカンと雲形池の鶴の噴水からは往時が偲ばれる。うっすらと雪をかぶった姿は、幻想的で美しい。東京の初雪のニュースは、雪をかぶった雲形池の鶴の映像がおなじみである。花が大好きだった智恵子にとって四季を通して花のある日比谷公園は親しみ易い場所であったと思われる。また生家の花園と晩年の紙絵の作品にも大きく影響を及ぼしていたであろうと思われてくる。

松本楼は日比谷公園内にあり、孫文や夏目漱石・北原白秋など文化人に多く利用されている。光太郎と松本楼との縁から祥月命日の四月二日の「連翹《れんぎょう》忌」にはここが会場となり毎年偲ぶ会が開かれている。

首かけイチョウと松本楼。毎年４月２日、光太郎の連翹忌の会場となっている。

大正時代は、松本楼でカレーを食べてコーヒーを飲むのがモボ・モガの気風で大流行であったという。

二度の火災で現在の建物は昭和四十八年に再建されたものである。

昭和四十六年から続いている十円カレーは有名で、毎年九月二十五日を感謝の日として実施されている。この名物カレーも、創業時から変らぬ味で「ハイカラビーフカレー」として今でもお馴染みである。

首かけイチョウ

テラス前には、空高くそびえる「首かけイチョウ」がある。幹周りは五メートル余もある大樹である。

明治三十二年、道路拡張のため、日比谷見附（現・日比谷交差点）にあったイチョウの樹を伐採することになったところ、日比谷公園の設立者である本多静六博士が大激怒し、「首にかけても伐採は許さぬ」と反対して移植したものである。博士の「首にかけても」の断言によって実現したことから命名されている。この「首かけイチョウ」は時代の流れの中にあって、光太郎・智恵子の食べた氷菓を知っている証人である。

銀ブラの二人

若い頃の二人は、銀座を頻繁に訪れている。光太郎は日本で初めてベレー帽をかぶって銀座を歩いたモダンボーイであったといわれている。後の花巻での国民服や、チャンチャンコスタイルからは想像しにくいが、口ひげをはやして好物のビールと洋食でハイカラに染まっていた姿を想像するのも心楽しい。二人が歩いていた当時の銀座にちょっと道草してみると、資生堂、三越、服部時計店、伊東屋(万年筆・文具)、カフェ(パウリスク・プランタン)などが彩っていた。

銀座でコーヒーを飲んで銀座をぶらつくことが「銀ブラ」のはしりでもあった。

「智恵さん旨いものでも食べにいこう…」光太郎と智恵子はどんな会話を楽しみながら銀ブラをしていたであろうか。

銀座四丁目付近。

犬吠埼…千葉県

早春の犬吠埼

智恵子が犬吠埼を訪ねたのは大正元年九月、二十六歳の時のことであった。

光太郎が犬吠埼に滞在していた時に、後を追うように向かっている。

福島の実家でもち上っていた智恵子の縁談話に対抗するかのように、光太郎は「N―女史に」という詩で恋心を発表している。

光太郎を思慕する智恵子の犬吠埼への行動こそ、内なる魂に導かれた勇断であったと思われる。

一途にほとばしる恋の姿は清々しく、私はその足跡を訪ねてみたいと思い銚子に足を運んだ。

銚子電鉄

JRの「青春18きっぷ」を手に犬吠埼を訪れたのは、コ

犬吠埼灯台。空も海もどこまでも青い。

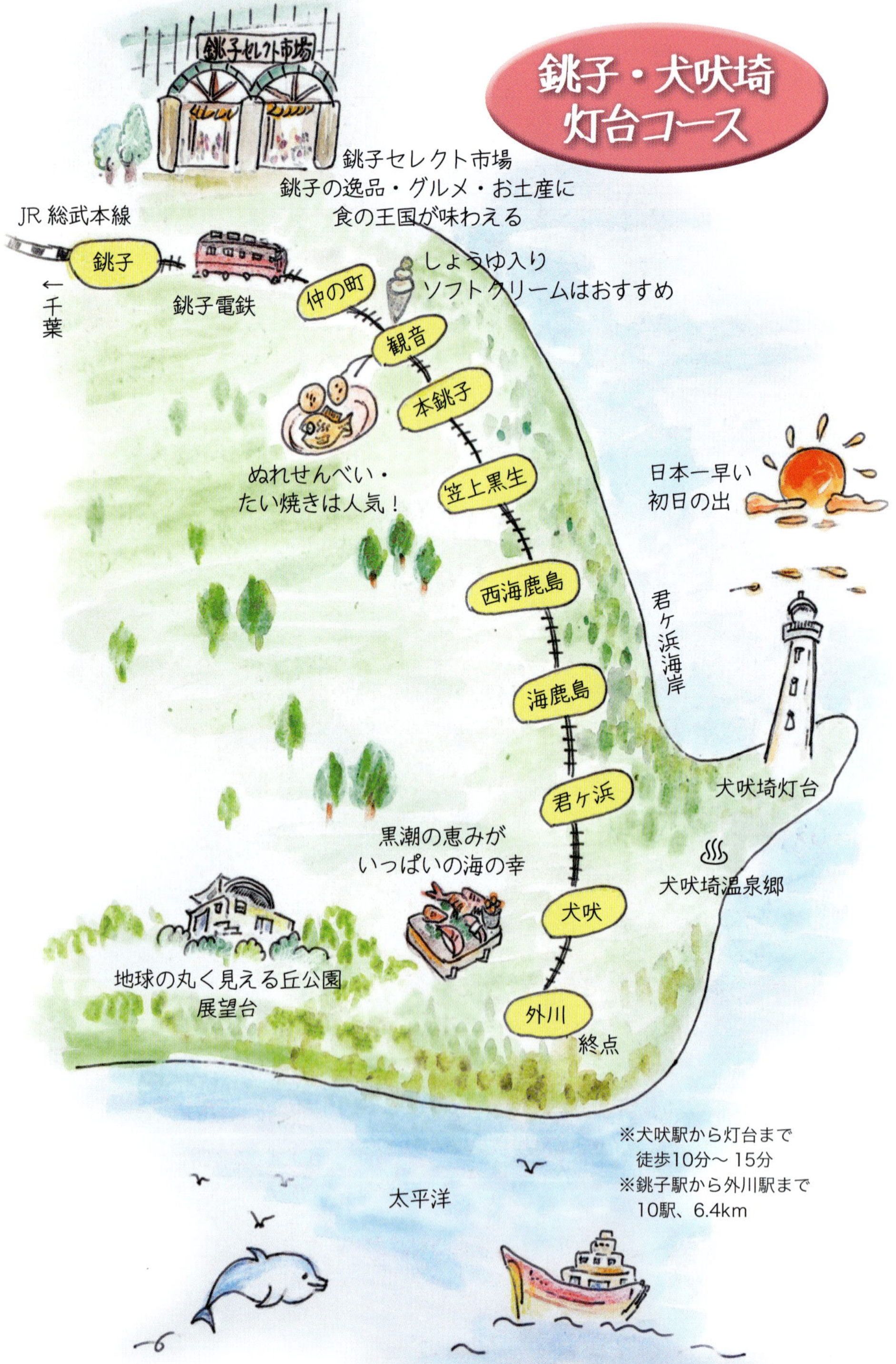

銚子・犬吠埼
灯台コース
銚子セレクト市場
銚子セレクト市場
銚子の逸品・グルメ・お土産に
食の王国が味わえる
JR 総武本線
銚子
←千葉
銚子電鉄
仲の町
しょうゆ入り
ソフトクリームはおすすめ
観音
本銚子
ぬれせんべい・
たい焼きは人気！
笠上黒生
日本一早い
初日の出
西海鹿島
君ケ浜海岸
海鹿島
君ケ浜
犬吠埼灯台
黒潮の恵みが
いっぱいの海の幸
犬吠埼温泉郷
犬吠
地球の丸く見える丘公園
展望台
外川
終点
※犬吠駅から灯台まで
徒歩10分～15分
※銚子駅から外川駅まで
10駅、6.4km
太平洋

ートの脱げない三月であったが、地元銚子ではコートが重く感じられる暖かさであった。

総武本線の終点銚子駅で私鉄の銚子電鉄に乗り換えて犬吠駅で下車した。終点の外川駅まで十駅で結ばれ六・四キロと短い路線だが、沿線は旅情豊かでロマンを運ぶローカル線であった。

犬吠駅は、関東の駅百選にも選ばれており、レトロな雰囲気で心が癒される思いだった。

赤い屋根は、白と紺碧のコントラストが爽やかで粋である。案内板もベンチも同色のブルーで統一されて上品な駅舎である。

改札を出ると、左に廃車を改造した「福祉喫茶　かふぇ・ど・えがお」と書かれた車輌喫茶があり、ほのぼのと旅情をふくらませてくれる。

旅行者を迎える駅長さんの心の演出は景観とマッチして駅百選の価値十分である。

光太郎と智恵子が降り立った大正元年の頃は、銚子電鉄はまだ開設されておらず、銚子駅から徒歩か人力車であった。

智恵子と妹のセキと友人の藤井ユウの三人は、人力車を利用したとある。

さぞかし心豊かに胸弾む思いの旅程であったと思われる。

灯台

犬吠埼灯台は、犬吠駅から徒歩で十分くらいの岬の突端に建っている。

案内書によると、イギリス人のリチャード・ヘンリー・ブラントンの設計・施工・監督のもとに、一八七四（明治七）年に建設されている。海洋を三百六十度展望できる灯台として珍しく、一日に二百人余の見学者が遠方からも見学に訪れたと書かれてある。

犬吠埼は、緯度と経度の関係から富士山頂と離島を除いて日本で一番早く日の出を見られる所だという。

狭い灯台の階段を譲り合いながら登りきると、御褒美のように水平線が美しく弧を描いており、展望台から見る三百六十度の視界は、海と空、天と地が一つになって、地球の丸さを改めて実感した。

智恵子が転地療養した九十九里浜や屏風ヶ浦・君ヶ浜ま

で遠望でき二人のロマンの花を咲かせたこの地は、青い海と空に包まれてどこまでも続いている。きっと二人はこの光景を心に染めたのであろう。

魚の本場、銚子で食べたお鮨の美味しかったこと、地元ならではのネタのダイナミックさに大満足であった。好天に恵まれたのも智恵子さんの御陰である。

ハマヒルガオの花。

犬吠埼岩場に咲くイソギク。

どこまでも続く君ケ浜海岸。光太郎と智恵子の姿が蘇ってきそうである。

上高地…長野県

山上の恋・上高地

「此度は本当《ほんたう》に自分でも出來る自信があるとおもひます　どうぞたすけると思召して　こんどだけ暫くの間御都合下さいます様偏に御願ひ申しあげます　どうぞ母上様よりお話し下さいます様　これは何につかふのでもありません　ずつと前からも申しあげました通り　文部省の展覧會に出しますか　また大阪の方で個人展覧會をいたしますか　何れにしましてもそれ等の繪を賣りました上にすぐ御返濟申しあげますし　また自分の生活の方もしつかり土臺をきめてかゝらなければなりません　これは随分たしかなのでございます　しかしこれより外私からはどう申しあげ様もありません　母上様にはこれまでとてもどれ程の御心配をかけましたか　またこんなお願ひを申しあげては申しわけもありませんけれども　もつと安心していただく様にいたしますから　くれ〴〵も御願ひ申しあげます。」

清水屋ホテルから河童橋に通じる1本道。右下には梓川がゆっくり流れる。二人分の画材道具を背負った大柄な光太郎と、愛らしい小柄な智恵子が刻みし小道。

河童橋。清水屋ホテルから
徒歩6 〜 7分。

これは、光太郎が滞在している上高地へ絵を描きに行くためのお金の無心の手紙である。切羽詰まった心の焦りの中に、文展（現日展）に出展する決意が書かれている。

すさまじいほどの愛と芸術を貫く、強いエネルギーと、智恵子の人生をかけた強い意思が、行間にあふれている。

案内人	一日　三円
人夫	一日　二円六拾銭
尚	上高地の旅館（清水屋・五千尺など）宿泊費
一泊	三円五拾銭（弁当付）

光太郎とともに滞在することには触れずに……。

後に、世界に上高地を紹介したウエストン夫妻も清水屋に同宿であった。

智恵子のことを尋ねられて「妹です」と返答した光太郎は、夫妻の目には微笑ましく映ったことだろう。週刊誌のない時代、各新聞は「山上の恋」と称し掲載して、世間に知れ渡ることになったが、愛する人とともに過ごせる喜び、芸術への強い志と、上高地の素晴らしい雄大な自然の中で、二人の愛は、一層確かなものに育まれ、婚約を交わすのであった。

このときの思い出を、後に智恵子は光太郎によく語っていた。自殺を試みたとき、光太郎へ書いた遺書にも、上高地の思い出が書かれていたとのこと。精神が冒されてもなお、美しい思い出が、きっと智恵子の頭の中に一層美しく甦っていたのであろう。


明治美術会（太平洋美術会の前身）の創設者の一人である画家の大下藤次郎が発表した「穂高の山麓」によると、

「……道はよいが傾斜はなかなか急で、平均三十度はあろう……杖を頼りに上ってゆくものの十歩、二十歩にして直ぐ休みたくなる。
地に腰を下したら最後、再び起き上って歩く気になれない。……少し長く休んでいると、暗くなるといけぬと人夫が催促する……」
と体験談を書いている。ともに学んでいた大下の上高地の絵に、智恵子は太平洋画会研究所で直接、触れていたであろう。

当時、山に入るには案内人や人夫が必要であったが、大正十四年に鉄道省が発行した「日本アルプス」によると、別記のように記載されている。

智恵子は、新宿駅から中央本線に乗り、十時間かかって松本駅に着いた。明朝早く上高地に向かうため、乗合馬車で島々《しましま》宿まで行き、光太郎が出迎えに来ていた徳本《とくごう》峠で合流している。

津村節子の「智恵子飛ぶ」によると、松本～島々間は江戸時代から飛騨と松本を結ぶ要路の一部であり、上高地の登山者も増えて、一日数十台もの乗合馬車が往復していたとのこと。

また、北川太一「画学生智恵子」によると、八月三日付

清水屋ホテル。智恵子、光太郎蜜月の滞在地。婚約を交わした地でもある。

「信濃毎日新聞」小島烏水の連載「上高地風景保護論」に、旅館清水屋の宿帳に記された宿泊者数は、明治四二年一一三〇人、明治四三年には一一九〇人、混雑時は一日九〇人を超えるとある。

もともと上高地は、長野県の畜産試験場の一定期間の放牧地であった。宿は清水屋一軒で、放牧に関わる人が一泊する小さな二階家であった。日本アルプスを探検し、上高地の命名者となったイギリス人牧師ウォルター・ウェストンによって風光の美しさが世に知られると、登山者や画家が滞在するようになった。

黄金に染まる桂の黄葉が歓喜の二人をやさしく包んでくれたことであろう。

二人が過ごした清水屋（清水屋ホテル↓現・上高地ルミエスタホテル）に立ち寄ったが、近代的なリゾートホテルに生まれ変わっていた。

梓川の対岸に霞沢岳、六百山、焼岳を望める落着いた環境であった。

更に、画家大下藤次郎氏によると、

「……清水屋はハイカラな宿屋で何んでも珍らしく感じた。風呂は室になく、この家のもっている湯屋が近くにあるといふので、水下駄引きずって往って見た。入口で衣類を脱いで浴室に入ると薄暗い中に沢山の人がうごめいていて板一枚の仕切りはあるが、男女混浴で何となく穢なげだ。湯屋の入口に『桜もち』といふ行燈がかかっている……」

と情景が記されている。

このハイカラな宿で、混浴につかり、桜餅を食べて光太郎とすごした一ヶ月間はさぞや心満たされたことであっただろう。

智恵子は、紙絵作品に「桜もち」を制作しているが、この時の想い出が色鮮やかに蘇った作品ではないだろうか。

二人の恋がしのばれる上高地の道行であった。

智恵子は、清水屋に滞在中に光太郎とともに上高地の風景を題材にして油絵を制作しているが、戦火により消失したことは惜しまれてならない。

裏磐梯・五色沼…福島県

＊エメラルドグリーンの五色沼

健康だった頃の智恵子は、好んで五色沼を訪れては、美しい風景を作品に描き、のちに光太郎とも訪れている。

「裏磐梯の高原には、約三〇〇個の湖沼群が点在しておりその代表格が五色沼である」

とパンフレットに書いてある。

磐越西線の猪苗代駅で降り、九時五十分発の磐梯東都バスに乗る。乗客はわずかに四人だけだった。貸切り専用バスのようで、恐縮すると運転手さんは「いやあ～、昨日は一杯だったんだよ。お客さんたち今日はラッキーでねえの」と人の好さそうな口調で語りかけ、気楽に周辺地区の案内や苦労話などをしてくれた。

百日紅の並木路を一直線に走ると、正面には雲一つなくドッシリとした磐梯山の姿があった。山を目前にしながら

コバルトブルーに広がる毘沙門沼。二つに裂けた磐梯山がまるで夫婦のようにどこかほのぼのと映る。

それからのバスは右に左にと脇道に曲がるので不思議に思って聞くと「乗客の有無に関わらず途中にある宿泊施設にも迂回している」という。観光地ならではのサービスの充実さに感心していると、「路線バスとしては全国で初めての取組みだ」と自慢げに語ってくれた。

好奇心いっぱいの質問にも嫌がらず当意即妙に答えてくれて、ガイド付きのようなサービスぶりだった。いろいろな知識を得て八百七十円のバス代は安かった。

運転手さんの助言により、高原駅から五色沼入口に出るコースが歩き易いとのことで、先ず第一歩を高原駅で下車した。

観光案内所で見た、神秘的な「瑠璃色」の湖沼の一群が本当にあったことは当然ながら、心が高鳴り感動の連続であった。

最初に出合った「柳沼」を目にした途端に、我を忘れて動けなくなってしまった。

まさに、絵の具を溶かして流したかのような爽やかなブルーの沼は、微風にも静かな白いさざなみをたたせ、たわむれるかのように小さな魚が群棲して泳いでいた。

瑠璃沼。この世のものとは思えない静寂さと神秘的な水の色に心が洗われる。

バスの場合　…1時間に1本運行。季節によって運行時間は変更
猪苗代駅より磐梯東都バスにて、約35分で裏磐梯高原駅

六月末だというのに、鶯が鳴き深山を思わせる最高の環境に、足取りも軽く小道を進むと次は「青沼」だった。

湖水は、空の青さを写し絵にしたような、コバルトブルーとエメラルドグリーンを混合したように爽やかで気品が漂っている。

智恵子は、往時には青いマントで風を切り、作品にはエメラルドグリーンを多用したといわれているが、この天然がもつ純粋透明な湖面に、美学の原点があったのではなかろうかとさえ思えてくる美しさであった。

当時、太平洋画会で師からこの色は「不健康な色」と評されているが「健康」そのものではなかろうかと私は思っている。

天が創造した大自然が彩なす芸術と神秘的な美しさに感動し、この美しい色彩をキャンバスに描いて見たが、私はどうしても表現できないでいる。

巨匠、セザンヌは「絵の根本は自然にある」と主張し、彼は野山を歩き続け自然と対峙して作品を完成している。

智恵子は、ここで描いた作品を文展（文部省美術展覧会―現在の日展＝日本美術展覧会）に出展している。

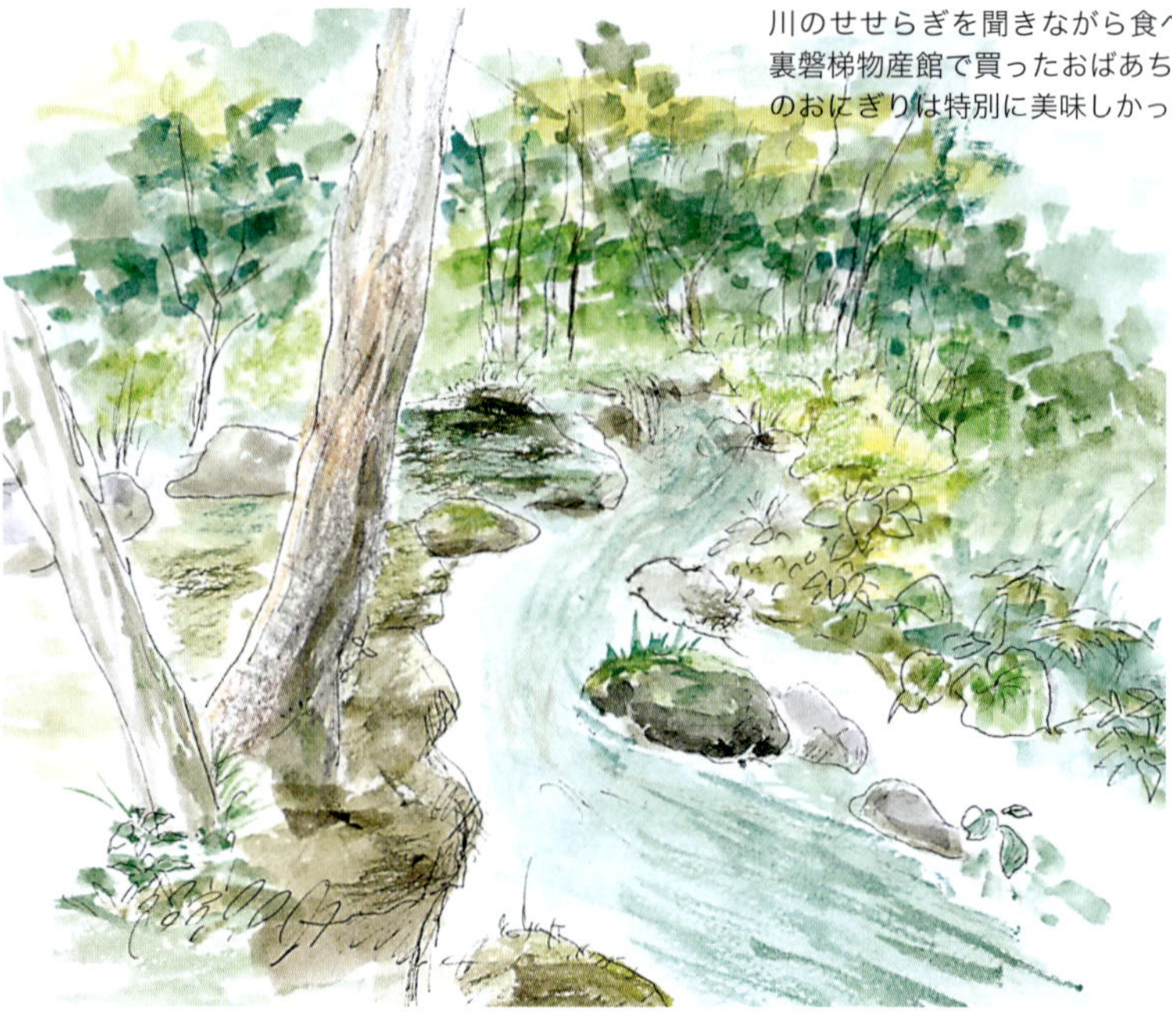

川のせせらぎを聞きながら食べた、裏磐梯物産館で買ったおばあちゃんのおにぎりは特別に美味しかった。

智恵子にとって磐梯山の想い出は、心身ともに健康で希望に満ちたものであった筈である。

光太郎は後年になって、智恵子の精神面の落差を、『智恵子抄』の「山麓の二人」に次のように書いている。

二つに裂けて傾く磐梯山の裏山は
険しく八月の頭上の空に目をみはり
裾野とほく靡《なび》いて波うち
芒《すすき》ぼうぼうと人をうづめる
半ば狂へる妻は草をしいて坐し
わたくしの手に重くもたれて
泣きやまぬ童女のやうに慟哭する
―わたしもうぢき駄目になる
…………………………
…………………………

実際に、現地に佇んで読む詩と想像の光景で読む詩の感動は自ずから異なり、私は生唾も出ぬほど喉がヒリヒリと乾ききったのを覚えている。

短日ではあったが「百聞は一見に如かず」を実感した一日であった。再訪を心に……バスにゆられながらの景色は、どこか懐かしさを感じた。

都わすれ。

上野公園…東京

精養軒で披露宴

光太郎と智恵子は、一九一四（大正三）年十二月二十二日に上野精養軒で結婚披露宴を行った。この年は夏目漱石の「こころ」が岩波書店の初の出版事業として刊行された年でもあった。光太郎三十二歳、智恵子二十九歳の年の暮れであった。

当日は、厳冬には珍しい生憎の土砂降りであったという。祝宴の参列者は、興謝野寛・晶子夫妻、田村松魚・俊子夫妻、柳敬助・八重夫妻、正木直彦、藤島武二、宮崎千代の他、親戚、知人、そして高村光雲の主だった弟子達であった。

光太郎は、紋付袴の正装だったが、智恵子の服装は自分がデザインしたもので、菊を配した江戸褄という普通の式服であったという。

母センが、婚礼用にと用意した打ち掛けは、色彩が赤す

上野駅。様々な思いで、智恵子はここから汽車にゆられていたであろう。東北への玄関口の面影は、現在も残る。

ぎて派手で嫌がったという。この打ち掛けは後に妹たちの婚礼時に使われたとのことである。

福島のレモン忌の時に会場となった菩提寺の満福寺で、特別展示されて出席者に公開された。その時私も初めて拝見したが、その意匠は丁寧な手縫いの刺繍でできており、時代劇でお姫様が着るような豪華絢爛たる美しさであった。その衣裳の名は

朱地鶴亀松竹梅文刺繍小袖

といい、朱色の地にきめ細かく刺繍されている。肩から四羽の鶴が羽ばたき、背の中心に竹が伸びている。下方の裾の部分には亀が描かれており、その空間を埋めるように白梅が咲き匂い、とても豪華なものであった。

現在は、福島の呉服店の所有になって大切に保存されているが、長沼家の往時の栄華を知る貴重な財産の一つである。

上野公園の西郷隆盛像。戦災、震災時は避難民であふれ、たずね人や連絡の張り紙が貼られたとのこと。

料理メニューはハイカラ

明治、大正期の精養軒は、太宰治、夏目漱石、森鷗外、芥川龍之介、与謝野晶子、谷崎潤一郎、島崎藤村、など文壇のそうそうたる文化人に利用されていた。

また、勝海舟、板垣退助、福沢諭吉、孫文など、文明開化期の国内外の重要な政治の舞台でもあった。光太郎も留学からの帰国祝賀会や、文学界の集まり等で多く利用している。披露宴といえば祝膳だが、庶民には程遠いハイカラなメニューであった（口に馴染んでいない智恵子の母などには「伊予紋《いよもん》」から日本料理が用意されている）。精養軒さんのご厚意にて、光太郎・智恵子の披露宴時に近い、大

正期のメニューを伺うことができたので付記とする。

明治三十五年、太平洋画会の創立祝賀会が精養軒で行われている。平成十四年の太平洋美術会創立百周年祝賀会も同会場で盛大に催された。

明治中期（上）と大正初期（下）の精養軒（写真提供・精養軒）。

大正十三年五月二十八日晩餐
献　立
一　前菜（オードブル）
一　鶏清羹（コンソメスープ）
一　鮮鱒白葡萄酒蒸（マスの白ワイン蒸し）
一　牛背肉　新野菜（牛ロースステーキ野菜添え）
一　小雛焙焼　生菜（ヒナ鳥のロースト）
一　茄子牛酪煮（ナスのグラタン）
一　乳酪冷菜（アイスクリーム）
一　小菓子果物（小菓子・果物）
両家結婚披露宴
於上野精養軒

百年前のこの年の世相にタイムスリップしてみると、映画では『宮本武蔵』『国定忠次』『鼠小僧次郎吉』、音楽では流行歌として次のようなものがあった。

「まっくろけ節」（♪昔や背で越すかごで越す／今じゃ夢

の中／汽車で越す／煙でトンネルはまっくろけ／オヤまっくろけ…）

「ゴンドラの唄」（♪いのち短し・恋せよ乙女…）

「カチューシャの唄」（♪カチューシャかわいや／わかれのつらさ／せめて淡雪とけぬ間と／神に願ひをかけましょうか…）

赤煉瓦の東京駅が開業し、小林一三による宝塚歌劇団誕生など、近代化と文明に彩られた明るい年でもあった。

木更津まで響いた「時の鐘」

上野公園内にある精養軒の正面右は寛永寺であり、境内のぼたん園は毎年みごとな花を楽しませてくれる。

正面左に「時の鐘」がある。「花の雲　鐘は上野か浅草か」──芭蕉が詠んだ句はこの鐘である。

初代の鐘は、一六六六（寛文六）年の鋳造。その後、一七八九（天明七）年に鋳造されたものが現在のこの鐘であると、台東区教育委員会の案内板に記されている。現在も鐘楼を守る人々によって毎日、朝夕六時と正午の三回、昔

東京駅丸の内口。辰野金吾設計。
赤煉瓦の総数900万個を超えるとのこと。
智恵子も頻繁に利用している。

ながらの音色を響かせ時を告げている。当時この鐘の音は遠く木更津方面にまで聞こえたとのことである。

なお、平成八年六月、環境庁の残したい『日本の音風景一〇〇選』にも選ばれている。当然智恵子も毎日この鐘の音で暮らしていたのである。精養軒に隣接する不忍池と動

(上)現在の精養軒。

(下)精養軒のマンゴープリンヨーグルト添えは私の定番。お皿の絵のモダンさとテーブルセッティングはお見事。

寛永寺・上野大仏。合格祈願に訪れる若者が多い。

時の鐘。「花の雲、鐘は上野か浅草か」芭蕉。

物園（パンダも大人気）は大人も楽しめる。なお、上野公園内には、芸大・美術館・博物館・図書館・動物園・寺社などがあり、文化・芸術・レジャーに大人も子供も楽しめるところである。上野～御徒町駅間の線路沿いにはアメ横があり、掘り出し物に出合える。

アメ横。

精養軒テラスより不忍池をのぞむ。

（写真提供・精養軒）

memo

りんどう

Chapter 5

愛の暮らし

都会の生活④…東京

夢抱きし愛のアトリエ 千駄木林町二十五番地

わが家の屋《や》根は高くそらを切り
その下に窓が七つ
小さな出窓は朝日をうけて
まつ赤に光つて夏の霧を浴びてゐる
見あげても高い欅の木のてつぺんから
一羽の雀が囀りだす

「わが家」

現地に掲げる文京区教育委員会の案内板によると、ここ一帯は寛永寺所有の林であり、「護摩木」材や「薪木」を切り出したのが千駄木材であり、一日に千駄の薪を積み出したと言われたことから千駄木という地名がつけられたとある。

周辺は、雑木林に囲まれ、坂の多いのどかな風景であり、文士や高級官僚、学者、芸術家らが多く住んでいた所であったと解説されている。

明治四十五年六月、光太郎は洋行帰りを機会に、実家近くの林町二十五番地にアトリエ兼住宅を建築して移り住んだ。

智恵子が、真赤なグロキシニアの大きな鉢を抱えて訪れた最初の家である。智恵子が二十九歳から光太郎との愛と芸術に生きた家であり、昭和十三年十月五日の夜、光太郎に抱かれて、品川のゼームス坂病院より寂寥として帰宅し

東京千駄木林町のアトリエ兼住宅。

光雲宅より25番地アトリエ
に続く道は今も変わらず。

高村光雲宅。

た家でもある。
光太郎の弟、高村豊周の回想によると、このアトリエの印象を次のように言っている。
「……ペンキを塗ったり、天井を張らない武骨なイギリ

智恵子がスケッチによく訪ねた根津神社。千駄木林町25番地のアトリエと太平洋画会からも近く、春にはみごとなつつじが花を咲かせる。

根津神社つつじまつり。

スのコッテージ風の建物であり、下はアトリエと二部屋で二階はアトリエが突き抜けて（吹きぬけ）いるので六畳と四畳半の二部屋……台所はガスレンジや天火（オーブン）を買い込む一方、室内を派手に飾るより世俗的

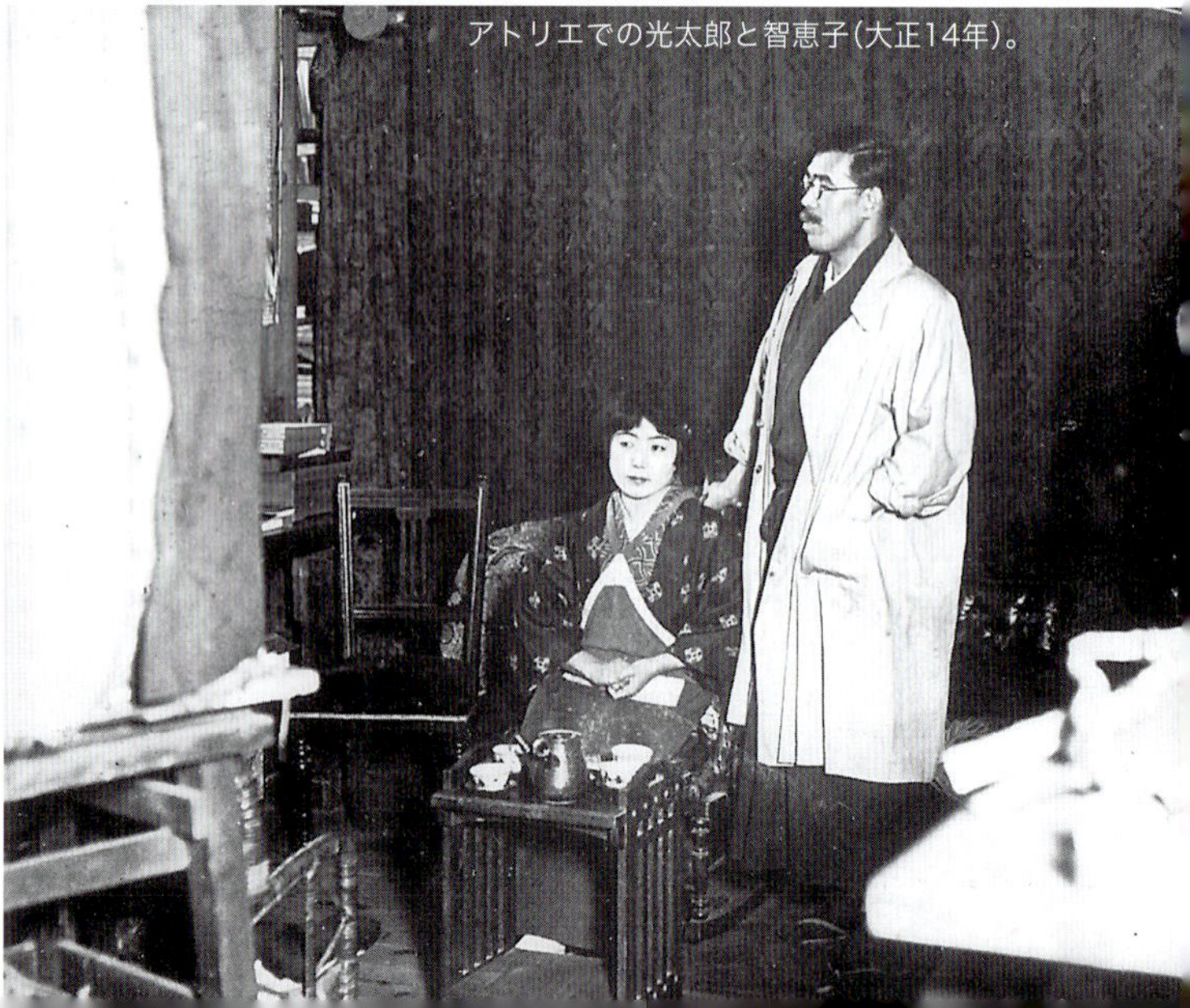
アトリエでの光太郎と智恵子（大正14年）。

にきれいな木綿のゴリゴリとしたものを好んだ……後略……」
光太郎のこだわりと美学が伝わる興味深い文面である。

✲アトリエでの苦悩

同じ屋根の下、類いなき夢を抱きつつ共棲したアトリエには、連日、光太郎を崇拝する若者たちや、仕事関係者などの出入りがあり、日々雑多の家事が智恵子の肩にかかったことは想像に難くない。さらに、父の死後、傾きかけた生家の始末に帰り、生活の糧に始めた草木染め、機織りや本業の絵も思うようにいかず、その日々の辛さは充分に想像できる。
「素描力は素晴らしいが、色彩に難があり、セザンヌの深

戦前からお店を構えている小林酒店。
アトリエから光太郎も通ったのだろうか。

駐車場になっていた
頃のアトリエ跡地。

現在のアトリエ跡地。

いセピアをものにすることがどうしてもできなかった」と、智恵子の絵について光太郎は語っているが、かつて光太郎は、依頼を受けて作家・佐藤春夫に油絵のいろはから指導し、佐藤は公募展に連続入選を果たしている。智恵子の悩みにはどのように応じ、助言はどんなものだったのだろう。

一九二二（大正十一）年六月号の『明星』の「五月のアトリエ」で光太郎が書いた、彫刻のモデルについての次の一文にも注目したい。

生きて動く兎のような十七の娘のからだを
嫉妬に似た讃嘆に心をふるはせながら
今粘度を手にとって
喰べるように見るのである。

後に光太郎は、智恵子をモデルに裸婦を描く。描く側から描かれる側へと軸足を移した智恵子の心の中はいかばかりだったことだろう。私には、孤独感と絶望感を胸に納めて、涼しい目で平静を装い、前に突き進もうとしている智恵子の、勝ち気な、それゆえに悲しい姿が浮かんでくる。

人には夫婦愛の結晶とも、芸術への挫折ともいわれるが、光太郎は終生、智恵子の裸像をほめ称えている。

青森県の十和田湖にある「乙女の像」は、彫刻家・高村光太郎の最後の大作である。

✻お化けやしき

光太郎の甥・故高村規氏によると、近隣に住む子供達は、このアトリエの建物を「おじさんちの家はおばけやしき……」とこわがっていたという。

トンガリ屋根の三階建てで出窓には、いつも鉢植えの花が色鮮やかに咲き、小鳥がさえずるモダンな洋風館であったが、子供達には偉容な建物が異様に見えたのであろう。

この家に智恵子の息吹みちてのこり／ひとりめつぶる吾《あ》
をいねしめず

智恵子と私とただ二人で／人に知れぬ生活を戦ひつつ／
都会のまんなかに蟄居した。

（「典型」より）

巴そば屋

アトリエの変遷を思いながら、トボトボと歩き「巴そば」店の前を通りかかると、色白で美しい奥様が出て来た。全くの他人なのに明るく挨拶されたので、思わず光太郎の話をしたところ「巴そば」屋は大正時代の創業で、近所の高村光雲さんのお宅へは随分と出前をしたことを先代から聞いていると話してくれた。

偶然の立ち話から、高村家と巴そば店とのかかわりを聴くことができ感動であった。

多分、光太郎、智恵子も「巴そば」をひいきにしていたことと思った。

この蕎麦屋さんから数分の距離に「青鞜社」の事務所があった

光太郎と智恵子がふたりそろって
暖簾をくぐったであろう巴そば屋。

お茶の水橋からみた順天堂大学病院。

ことから、平塚らいてうを始め社中のメンバーも上得意ではなかったかと想像している。

蕎麦の似合う街でもあった。

✲順天堂病院

智恵子は晩年になって芸術作品として崇高な紙絵を遺し、いまも人々の心に感動を与えている。が、二世の誕生を見ることができず如何に無念であったろうかと同じ女性としてその心情を深くしている。

勿論、光太郎も同じ思いがあったであろうが智恵子への思いやりからか、それを終生口にすることはなかったという。

智恵子は女性として最も恐れる子宮後屈症という病にあった。大正八年（一九一九年）三月に順天堂病院に入院し手術を受けている。智恵子三十三歳の時である。

当時の医学では大手術であったと思われるが、智恵子は母親になる強い想いから決断したのではないだろうか。

この年の三月には日本女子大学校の師、成瀬仁蔵先生が亡くなられ、智恵子には二重のショックであったことは想像に難くない。

智恵子と光太郎が通院のため通ったであろう同じ道を私はスケッチしながら歩いてみた。

中央線御茶ノ水駅から「お茶の水橋」を渡り外堀（濠）通りに面して建つ東京医科歯科大学附属病院と並んで順天堂病院が建っている。湯島聖堂も近く文教文化の香り高い地である。

智恵子は光太郎と一緒にどんな会話をしながらこの橋を渡り病院に向ったのだろうか……。

ちょっと足を伸ばせば現在も続く画材専門店の文房堂がある。明治二〇年創業、日本で初めて専門家用油絵具を製造・発売していた。退院後、光太郎と連れ立ってお店をのぞいていた光景も想像される。

想いを重ねながら、お二人を偲びつつ橋のたもとでスケッチをしていると、間断なく乗客満員の電車が走る。東京のどまん中の夕暮れ時である。

Chapter 6

病と転地療養

ねこやなぎ

つわぶき

九段坂病院…東京

白亜の九段坂病院

昭和七年七月十五日に智恵子は、母センと光太郎と光雲に宛てた三通の遺書を残して、二階の寝室（兼仕事部屋）でアダリン自殺を図った。発見が早かったことと適切なる処置により回復できたことは幸であった。

しかしその後に、智恵子は九段坂病院に入院し約一ヶ月間療養している。

当時の情報を少しでも知りたいと思い九段坂病院を訪れた。智恵子を偲びつつ見聞したことを紹介したい。

九段坂病院。玄関前の椎の木は旧佐竹侯爵邸正面玄関にあった当時のもの。歴史を見続けている生き証人である。

九段坂病院は、靖国神社の隣りにある。住所は、千代田区九段南二丁目一―三九番地。大正十五年十月に、私立九段坂病院として建設されたが、現在は国家公務員共済組合

お濠の対面、武道館側から見た九段坂病院。

千鳥ヶ淵の桜並木。

連合会九段坂病院として運営されている。伊藤博文がここで明治憲法の草案を練った歴史深い地でもある。お濠端の水面に映える白亜の美しい病院であり、東京で最も高級でモダンな病院として評判であったという。そのモダンさは、建物の外見ばかりでなく看護婦の服装（制服）にも反映され、色は薄いブルーのツートンカラーの洒落たワンピースであり、食事時間には美しい音色のチャイムを流すなど話題になったという。

また、当時の食器には、「千鳥の絵」が入っていて白磁の美しいモダンなものであったという。

当時、入院中の智恵子も、明るい病室でチャイムの音とともに「千鳥の絵」のある美しい食器で食事をしていたのである。

智恵子は、その二年後に九十九里浜海岸で千鳥とたわむれ、光太郎は「千鳥と遊ぶ智恵子」の詩を書いたが、不思議な運命のようなものを感じる。

その当時の調理は、慶応病院から専門の栄養士を招いており、食事は患者さんからも好評だったという。

現在の建物は、本館、新館、旧館に分かれている。

智恵子が入院した当時の、旧館の一部が現存しているとのことで、驚きと感動で見学させて戴くことができた。

智恵子の入院した頃の旧館

緊張と期待で本館の待合室を通り抜けて、渡り廊下式に連結されている旧館に入ると、大正十五年創設のままでタイムトンネルを潜ったような思いがした。

戦火を潜り抜けて現存するこの建物からは風格と歴史を感じた。

地下一階、地上三階建てで地下は当時、霊安室であったが現在はカルテ庫として使用している。一階が理学療養室、二階には当直室、売店、自動販売機があり、三階がコピー室と休憩室として旧館とはいえ現役である。

各階ともに、天井が低く階段はマホガニー調で丸味ある手摺りなど重厚さがある。

窓からは、千鳥ケ淵の桜並木や北の丸公園が望め別荘地のような感覚である。

この美しい環境とモダンな病院は智恵子にとって精神的に安定した癒しとなったであろう。

病院は二〇一五（平成二七）年十一月、旧千代田区役所跡地へ移転することとなった。移転前に歴史ある建物に触れられたよろこびをかみしめている。

玄関正面に繁る椎の木の大樹は、明治からの歴史を伝える遺産である（旧佐竹候爵邸のものを移植）。

権田課長の御厚意あるご案内を戴き、旧館をしみじみと想い頭の中は智恵子のことで一杯であった。

創設当時の九段坂病院。（資料提供・九段坂病院）

病院の地下に続く階段。智恵子入院当時の姿を残す。

不動湯温泉…福島県

山峡の宿　不動湯温泉

長沼セン様
青根から土湯へまゐりました、
土湯で一番静かな　涼しい家に居ます。
もう二三日ここにゐるつもりでゐます。
九月二日　土湯温泉　不動湯より
光太郎
智恵子

光太郎が、病身の妻を伴って訪れた療養の宿、不動湯温泉から母親センに出した絵はがきが智恵子記念館に所蔵展示されている。

また、週刊新潮の「部屋の記憶シリーズ」No.七四で「高村光太郎・智恵子」＝山麓の二人＝としてこの葉書とともに不動湯温泉のことが詳細に紹介されている。

二人が泊った十六号室の写真と料金やコースなども丁寧に載っている。

木造でレトロな雰囲気があり、高ぶる心を抑えながら早速に電話して十六号室の宿泊予約をとることができた。

訪れた六月の福島市は三十度を越す猛暑であった。

不動湯温泉への細い山道を歩いていくと、創業の大正時代からのお不動様が迎えてくれる。
光太郎に手を引かれた智恵子の姿も見ていたことだろう。

東北新幹線の福島駅から土湯温泉行き路線バスで約五十分。終点の温泉街から山道を徒歩で三十分余の奥地に建つ山中の一軒宿である。登りは難儀なので奮発？　してタクシーを利用した。運転手は観光ガイドのように、吾妻朝日国立公園内で一軒だけ営業している不動湯温泉の歴史や創業者の経営理念など話してくれた。

私道・専用道路の開削

道路は狭く車輌の交差は出来ない。石ころだらけで凸凹が激しく車は右に左にと激しく揺れる。

運転手は馴れているので気にならない様子だが、この道路は公道でなく不動湯温泉の専用の私道とのことであった。

国立公園に指定されていなかった頃に、不動湯温泉の先代創業者が山林の地主と直接交渉して、道路分を私費で買い取り開削したとのことである。即ちこの道路面積は、不動湯温泉の私有地として登記されているとのことだった。

国立公園内を走る唯一の私道であり、国立公園指定後だったら実現できたかむずかしいところである。多少の悪路でも、むしろ先代の先見の明に感謝せねばならない。

沢沿いの露天風呂に続く長い階段。
途中には腰かけて休む気配りコーナーも。

不動湯温泉

光太郎と智恵子が滞在した頃は、近在の人達の静養の場として自炊の湯治場であったという。訪問時も旧館の一階は、二人が宿泊した十六号室も自炊客用としても利用されていた。

玄関は、山小屋風のレトロの雰囲気で感動を覚える。柔和な笑顔の御主人とお女将さんが、玄関まで出て家族

不動湯温泉玄関。左奥の白い建物1階部分が二人が滞在した部屋。

二人が静養した16号室。小柄な著者でも梁に手が届くほど天井が低い。

15号室から見た16号室。

のような親しみで温かく迎えてくれた。

＊旧館十六号室

光太郎と智恵子が宿泊した最も縁《ゆかり》のある部屋である。黒光りのする木の階段をおりると廊下が続き、障子戸をあけると、天井からは傘のない四〇ワットの裸電球がポツンと一つ灯り、衣紋掛けには当時のまま旅館の焼印があり炬燵もそのままであった。

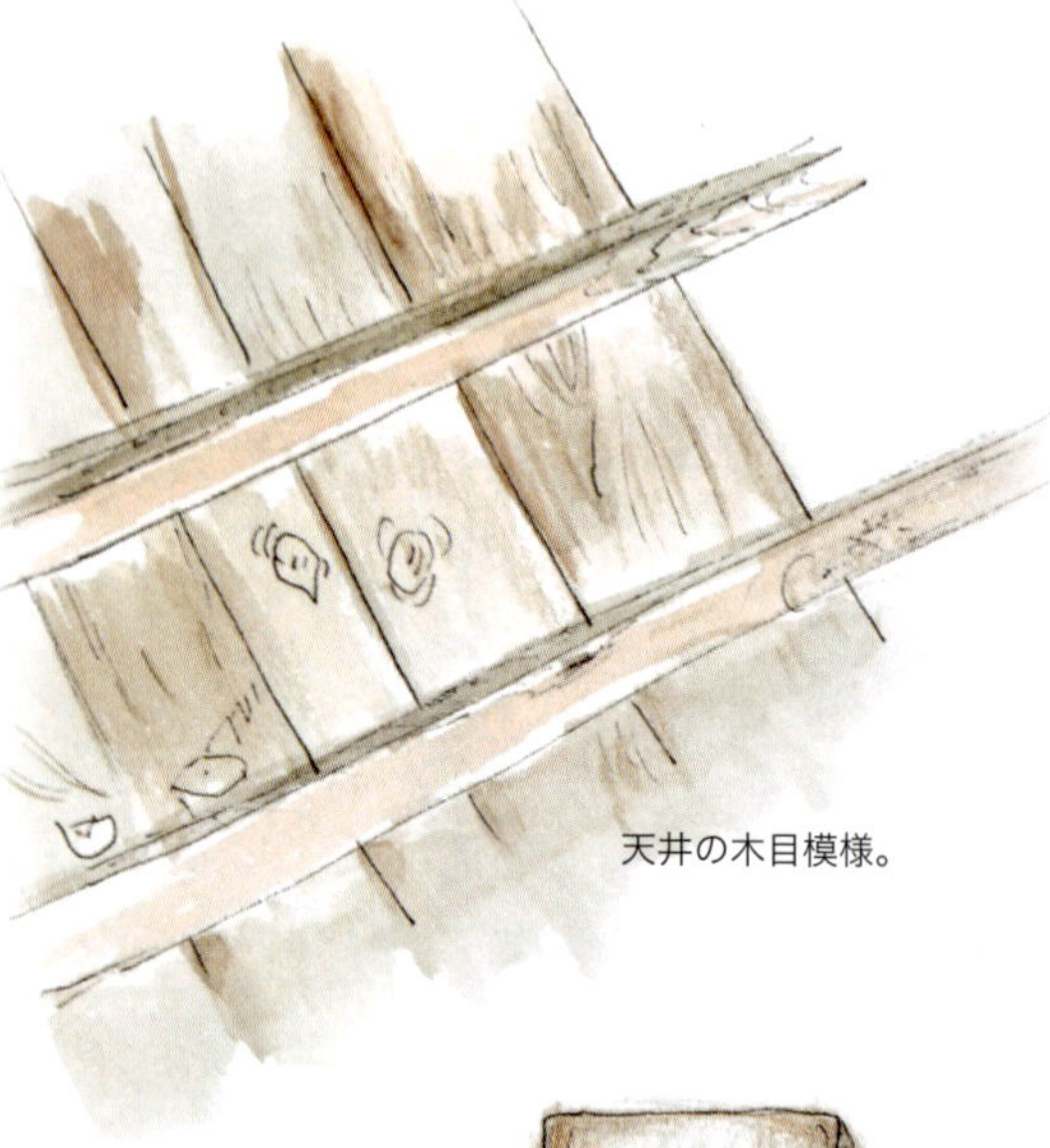

天井の木目模様。

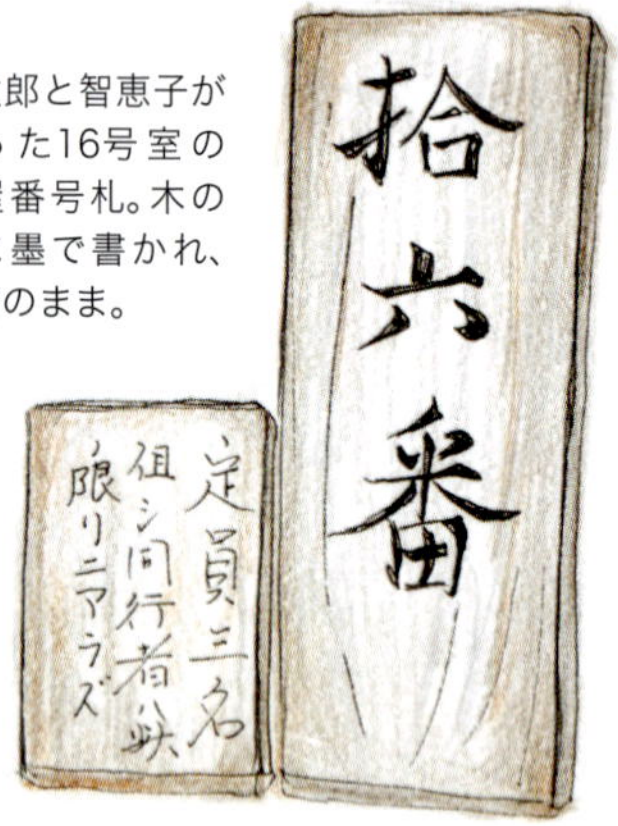

光太郎と智恵子が泊った16号室の部屋番号札。木の札に墨で書かれ、当時のまま。

40ワット電球。

背もたれ椅子のように安らぐ腰板、天井の板の節目模様、おひつ、40ワットの裸電球等昔の面影を今も残す。

欅の茶器セット入れ。

露天風呂は男女混浴で大人3人が入れる。蛍舞う幻想世界を味わいながらの贅沢な入浴が懐かしい。

ガラス戸も障子も襖も昔日のままで、十六号室と十五号室は襖で仕切られているだけである。

壁は腰高風に床から五十センチほど板張りされ、外壁のはめ板は白いペンキで塗られている。

天井板の木目模様が動物や花や人の顔のように思えた。この木目の模様は、智恵子にはどのように見えただろうかと他愛のないことを考えた。

部屋にあるものは全て当時のままであり、十六号室に足を踏み入れた瞬間その感激で緊張した。

今日は、十五号室も空いているから特別に使っていいとのはからいでお女将さんが襖を開けて二間サービスしてくださった。

こんな贅沢を一人占めしてよいものだろうかと感謝の念で一杯だった。

夕食の献立

川底にある野天風呂につかり、歴史を刻んだ縁のある部屋で感慨に耽けっていると夕飯が届き、思わず食膳を覗きこんでしまった。

箱膳にタップリ盛られた夕飯は地元の食材で季節感ただようもので、私の好物の山菜もあり、その献立は豪華なものであった。

板前さんが一品ごと丁寧に説明してくださり、心温まるもてなしに感激した。

お品書き

一、食前酒　山ぶどう酒
一、先付　よぶする草
一、香の物　たくわん・野沢菜
　子茄子
一、酢の物　菊の花・きうり
　山くらげ・じんさい
一、きじ鍋　きじ肉・白菜
　わらび・ぎんなん
　地竹・新菊
一、塩焼　岩魚・レモン
　エシャロット
一、天ぷら　たらの芽・カボチャ
　舞茸・あいこ

一、煮物　山ウドと油揚げ
一、造り　鯉のあらい
一、箸休　折りみそ・大根おろし
一、御飯
一、鯉こく
一、氷菓子

と大満足な献立であった。

心の御馳走

秘湯の地とはいえ、子供達の宿泊客がいないので不思議に思い訊ねると御主人は、先代からの家訓のようなもので、「子ども、老人クラブ、宴会等の利用は断っており、秘境の湯にふさわしく静かに心を癒していただいている……」とのことだった。

山林の私道開削といい、先代の経営哲学に頭の下がる思いであった。

静寂こそが最高のもてなしであり、心の御馳走なのである。光太郎はこの静けさを求めて智恵子の静養地としたのであろう。

宿帳のこと

二人はこの部屋に四日間滞在しており、夕食後に、この宿帳の実物を見せて戴いた。

宿帳には、

東京都本郷区駒込林町二十五
高村光太郎　五一歳　職業　彫刻
智恵子　　四二歳　妻

光太郎は智恵子のことを初めて「妻」と銘記している。実際の年齢は智恵子のほうが三歳若いが、ここでは九歳の差で記帳していた。

お女将さんはこの宿帳のことについて

「大事な物だから桐の箱にでもしまって大事にするようにとお客さんから言われたから、お菓子の箱に入れたけれど、求められたら誰にでも見せてあげているの……」と気安く明るい声で話しながら見せてくださった。

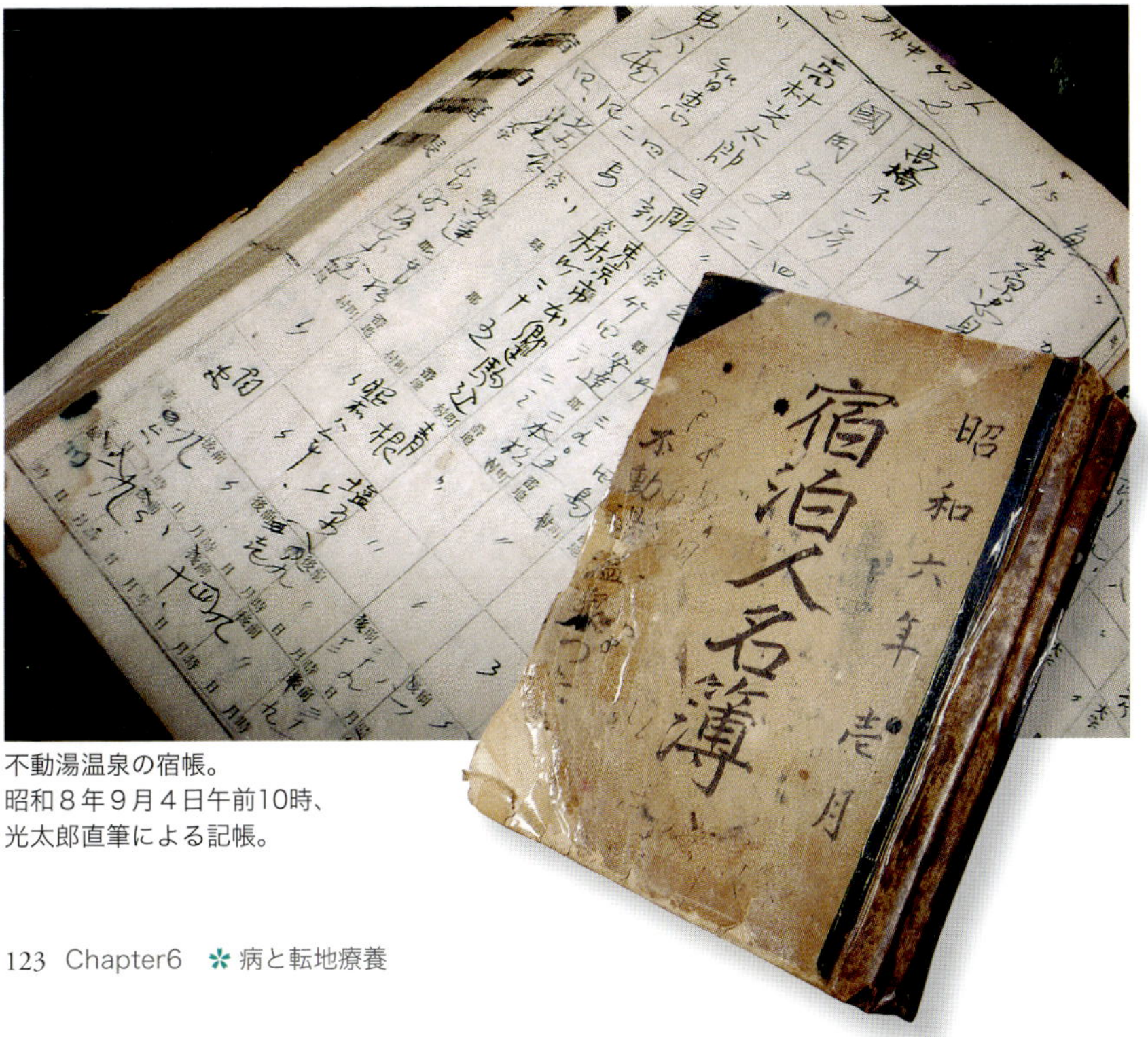

不動湯温泉の宿帳。
昭和８年９月４日午前10時、
光太郎直筆による記帳。

御主人は、「昭和八年生れなので、二人が滞在した時には生後七ヶ月だったから全く記憶はない……」と笑いながら話された。

✻幽谷のホタル観賞

帳場でお茶を御馳走になりながら、光太郎と智恵子のことや不動湯温泉の歴史を伺っていると、御主人から遅くならないうちに、ホタル観賞に案内すると話があり、泊り客七、八人と懐中電灯を持って谷川へと向かった。

ホタルの乱舞を見るのは久方ぶりのことであり、完全なる深山幽谷で飛び交う円舞は圧巻であった。静寂な谷川のせせらぎに大自然の素晴らしさを実感した。

先代の「静けさ」を大切にする心。ホタルも又音もなく光りだけで見る人の感性を癒している。素晴らしい演出であった。

✻入籍のこと

光太郎は不動湯温泉に来る前日、八月二十四日付で母センに手紙で入籍の報告をしている。

「八月二十三日本郷区役所へ婚姻届けを提出したこと、その後二本松に行き長沼家の墓参と油井村役場での手続きを済ませて川上温泉に向う」という内容のものであった。

生家はすでに人手に渡っているので、立寄れず満福寺に詣でた時の心境は察して余りある。しかし上野精養軒で結婚披露宴を行い「同棲同類」してから十九年目にしてようやく入籍したのであった。

＊＊＊

哀しいことは起こるのである。

再訪の計画を立てていた矢先、テレビのニュースで不動湯温泉の火災を知った。

関東大震災や大きな地震で壊れなかったとおかみさんが笑顔で話してくださっていた。東日本大震災でも被害がなかった宿である。炎に包まれている映像はショックで、ことの重大さを認識するのに、しばらく時間がかかった。

光太郎・智恵子に縁の深い宿に泊まれたことは、かけがえのない大切な心の財産となった。

九十九里浜…千葉

灼熱の九十九里浜と田村別荘

「千鳥と遊ぶ智恵子」

人つこひとり居ない九十九里の砂浜の
砂にすわつて智恵子は遊ぶ。
無数の友だちが智恵子の名をよぶ。
ちい、ちい、ちい、ちい、ちい……

九十九里浜

千葉県九十九里町に在った田村別荘は、智恵子が転地療養のために生活した家である。

昭和九年五月から十二月までの七ヶ月間という短い期間であったが、『智恵子抄』には欠かせない縁の地である。

私が、九十九里浜と田村別荘を最初に訪れたのは、平成八年七月二十日（土）の真夏日であった。

（上）田村別荘をおとずれた著者。
（左）田村別荘案内板。

外房線の東金駅より路線バスを乗り継いでまず、九十九里町の浜辺の丘に建つ光太郎の詩碑に向かった。

この碑は、昭和三十六年に建立されたもので「千鳥と遊ぶ智恵子」の詩章が刻まれている。

きれいに整備された芝生の丘、酷暑と強い紫外線を受けて、早朝の出発で寝不足もあって目を開けているのもやっとだった。

詩碑の前の芝生で持参したおにぎりを頬張り休憩した。スケッチを終えて期待の田村別荘へと向かった。

＊田村別荘のこと

県道の飯岡―一宮線沿いに「高村光太郎・智恵子抄ゆかりの家」と書かれた箱形の大きな標識を見つけた時には、更に胸のときめきを覚えて暑さを忘れるほどであった。

そこには次のような一文が書かれていた。

「この建物はもと九十九里町真亀納屋にあって田村別荘と呼ばれました。昭和九年五月から十二月まで智恵子が病気療養のために過ごした家です。光太郎が毎週一回東

京からこの白里海岸を通って智恵子を見舞ったことは詩集『智恵子抄』によって有名です。昭和四十七年この家は北今泉の糸日谷氏の所有となり、真亀川を渡って移築されました。その後地元観光組合が譲りうけ『智恵子抄ゆかりの家』として保存する事になり現在にいたっております」

永年想い続けてきたので建物を目の当りにしてその感動は一入《ひとしお》であった。

敷地内は、夏草が膝上まで生い茂り、埋れるように家が建っていた。手入れをされている様子もなく一目で廃屋であることが判ったが、庭木はのびのびと枝葉をつけていた。

主なき庭には、南国を想わせるような巨大なサボテンが黄色の花をつけており、真赤な花をいっぱいにつけたデイゴによく似た庭木が青い空にのびていた。

一瞬、ここはどこ？　と見違えるほどで、その風景はゴーギャンが描く花園の世界を思わせた。

田村別荘全景。現在、建物はすべて取り壊されている。

玄関の扉は三枚戸になっており、厚いガラスには菱形模様が描かれている。

柱のＮＨＫの受信証などはそのままで、生活感が残って

九十九里にある光太郎詩碑。

現在の九十九里海岸は
サーフィンを楽しむ若者でにぎわう。

おり、今にも中から人が現われそうな感じがした。

田村別荘内部

腰板が外されており数多の人が出入りした形跡があった。中を覗いて見ると内部はひどく荒らされた状態であった。

無断で入ることに些かのためらいを感じながらも、智恵子さんに導かれるかのように、「おじゃまします」と一歩玄関に入ると、更にびっくり仰天した。

襖も障子も倒されてボロボロに破れていた。

押入れからは派手な色模様の布団が引き出されて綿がとび出していた。

時代劇で見る斬り合いの惨状を思わせる荒廃ぶりで幽霊屋敷のようでもあった。

足の踏み場もない荒れた室内を注意しながら観察し、悪臭が鼻をつき息苦しかったが、スケッチをし写真を撮らせていただいた。

地元の人は、海にきた若い学生風の子たちが泊っていたけど物騒な家だ……と眉間を寄せて去って行った。

しかし、この家は紛れも無く智恵子が転地療養した家であり、光太郎が毎週見舞いに訪れた家であり感慨深いものがある。

初めて訪れた感激と感傷で出来ることならせめて障子や襖など元通りに片付けて清掃したかったが、何分にも私もこっそりと訪ねた身であり手が出せない。

内部の間取りのスケッチと写真を撮らせていただいたせめてもの御礼として、玄関の入口の蜘蛛の巣を取り払い、ゴミを拾い、外れていた腰板を元に戻した。

未練を残しながらも「おじゃましました」と御礼を言って退去したのだった。

家屋の外周も丹念に見て廻ったが、繁茂する夏草は私の背丈を越えて密生していた。

真亀納屋から北今泉のこの地に移築されてからも町の観光組合が管理しているが荒れ放題であった。

糸日谷さんのこと

後年に、田村別荘を購入された糸日谷さんが県道の向かい側にお住まいなので訪ねた。

突然の訪問にも拘らず奥様（梶子さん）に当時の話を伺うことができた。

糸日谷梶子さんは地元九十九里町の出身で療養中の智恵子と毎週見舞いに通った光太郎を直接に知っている証人ともいえる方であり、後に田村別荘で新婚時代を生活された最も身近な縁の方である。

智恵子が療養した田村別荘には、当時、智恵子の妹セツの家族である斉藤新吉一家が住んでいた。

生家の長沼酒造が破産して母センが同居していたので、智恵子の療養のため光太郎が特別に御願いしたものであった。

梶子さんの生家は、田村別荘と隣接しており智恵子が療養した頃は小学校の一年生だったという。

その頃の智恵子の鮮明な印象を次のように話してくれた。

智恵子の印象

「智恵子さんは色が白くて上品できれいであった。まるで今の宮沢りえのようだったなあ、余り外には出なかったが『千鳥と遊ぶ智恵子』という詩にもあるけんど、着物のた

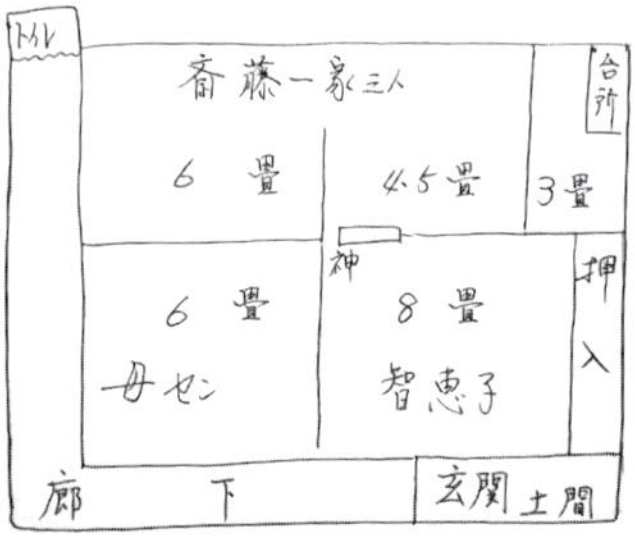

(上)別荘内部の様子。
(左)部屋の配置図。

もとをパッと広げて海辺を駆け廻っていたのをよく覚えてるなあ、着物の柄はあんまり覚えていんけど紫色っぽい矢羽根模様（矢絣り）の着物のようだった気もする。光太郎は砂の上に座って黙って見ていたり後を追いかけたり、立ってずうっと見ていた。」と記憶をたぐり寄せるかのように話してくれた。ドラマや映画で見た『智恵子抄』の智恵子は、この糸日谷さんの印象に近く映されている。こういう尊い実話が反映されていたのであろうか。

　更に家の中から「キャーッ」という騒ぎ声が聞こえて皆で見に行くと「あんたがた、これあげるからあっちに行っててね……」と黒柳徹子さんのように丸まげに結って小さくて太っていたおばさんがお菓子を五個ぐらい半紙に包んでくれた。

　子供の頃に一銭で買ったお菓子とちがって、すごいハイカラのお菓子だったのが忘れられない。

　この時のハイカラなお菓子とは、毎週訪れた光太郎のお土産でなかっただろうか。

　子供心にも智恵子さんの印象を「きれいな人」「いい女」と思ったという。

　更に、「都会の人は水道水を飲んでいるからきれいになるんだよ」と親達は教えてくれた。

　だから「キツゲ」（気狂い）なんて言っちゃいかんとも言われたと当時をなつかしげに話してくれた。

　光太郎のことも空を見上げながら次のように印象を語ってくれた。

✼光太郎のこと

「光太郎さんはコートを着て下駄をはいて山高帽を被っていた。背が大きくて顔はほっそりしていた。ピーター馬車（乗り合い馬車のこと？）に乗って来たり歩いてもいたようだった。馬車は大網駅から出ており、歩いている時にはステッキを持っていたようだった。

　でも、その時には二人共（光太郎さんと智恵子さんを）偉い人だったとは知らんかった。いつの間にか騒わげねえナア……（田村山荘が静かになった）と思っていたら居なくなっちゃったさあ。子供の頃にキツゲ（気狂い）と囃していた人の家にあとから住むことになって妙な因縁だわねえ」と笑顔で語られた。

　糸日谷さんは、鮮明に具体的に記憶されていた。

　後に、この田村別荘は糸日谷家の所有となり糸日谷さんが新婚時代を過ごしている。

　更に、伊勢化工（株）を経て、九十九里町観光組合が譲り受けて「智恵子ゆかりの家」として保存管理してきた……以下略……


　しかし、この歴史的文化財に等しい「田村別荘」は老朽化とともに資金難から維持管理が難しく、訪問した数年後、一九九九（平成十一）年に解体された。智恵子ゆかりの文化遺産が消失したことは残念でならない。

　現在跡地には、歴史を伝える小さな記念碑が建立されている。

　なお、「東金九十九里有料道路」の開通記念として千葉県道路公社によって真亀納屋パーキングエリアに、高村光太郎・智恵子のモニュメントが建立されている。

真亀納屋パーキングエリアの、
高村光太郎・智恵子のモニュメント。

memo

菜の花

Chapter 7

ゼームス坂病院と紙絵

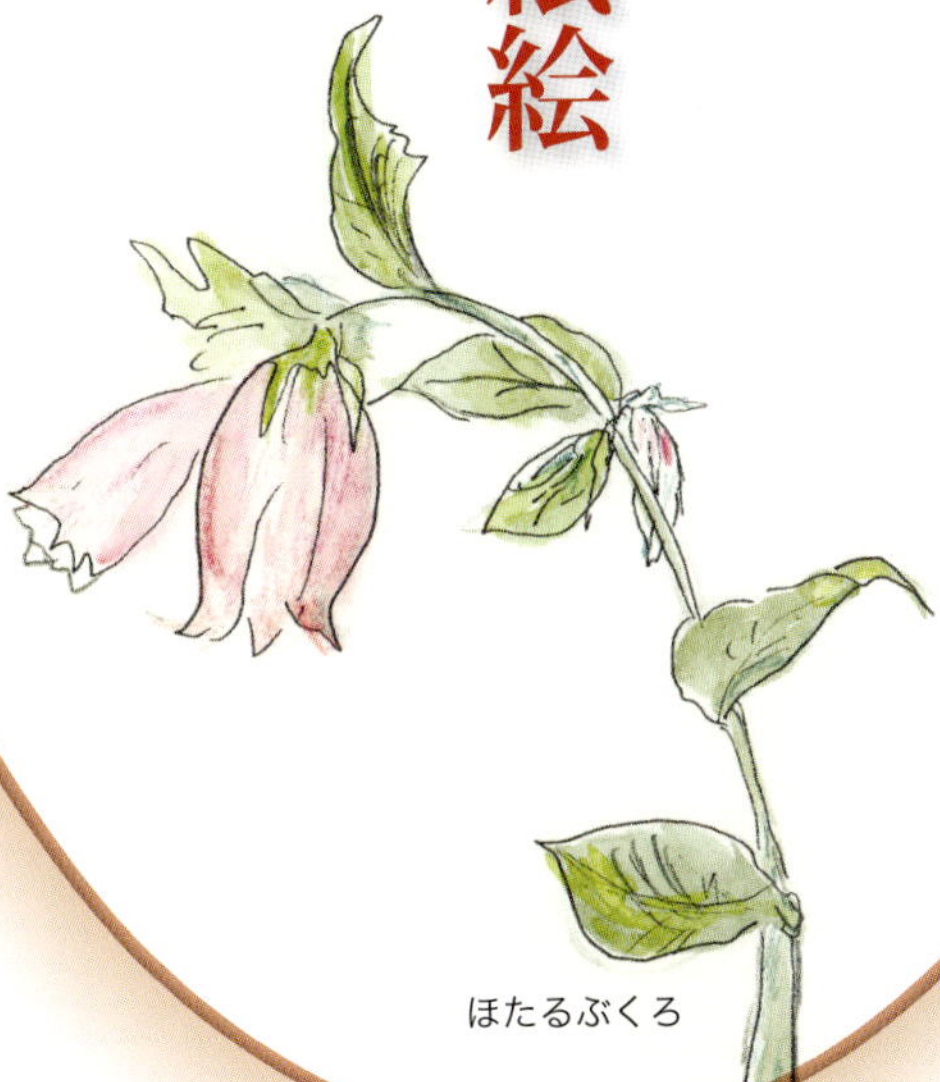

ほたるぶくろ

晩年の生活…東京

芸術家智恵子蘇生

所在地　品川区南品川六丁目七―二八番地

智恵子は、昭和九年十二月に療養先の千葉県九十九里町の田村別荘から東京千駄木の自宅に戻ったが、症状が思わしくなく、南品川にあるゼームス坂病院に入院した。

終焉の場所となったことは哀惜に耐えないが、智恵子にとってここでの三年八ヶ月間の病院生活が最も心安らかな日々ではなかったろうかと思われる。

智恵子には、姪の春子が付き添い看護に当たった。「伯母のおもい出」の中で、変わり果てた姿に涙あふれたとある。智恵子との最初の会話は身内のことであり、「啓助は死んだの?」「はい死にました」。重ねて「修二は?」と二人の弟たちのことを訊かれた。

精神を冒されてもなお、長沼家の長女としての重圧、呪縛を背負っていた哀しい智恵子を語るに充分である。まさにここから、全ての世俗から解放され、芸術家・智恵子が蘇生されたといっても過言ではない。

見舞いに訪れる光太郎の手みやげは、日本橋棒原の種々の京花紙、色紙、半紙やオーデコロンの他、ビスケット、クッキー、その他、毎週一~二回は必ず銀座の千疋屋や神田の万惣から化粧籠に盛られたリンゴ、ぶどう、スイカなどの果物や、シクラメン、蘭、ゼラニウム、ザクロ等の鉢

智恵子が入院したゼームス坂病院。

ゼームス坂病院入院時に制作された紙絵作品。

植えが届けられている。これらの品々は、紙絵の中でも垣間見ることができる。

さらに春子によると、朝の洗面後は髪を整え、冬は大島の袷に銀ネズの繻子《しゅす》の伊達巻を結び、朝食が終わると、押し入れの前にきちんと正座し、おじぎをしながらいろいろな紙と、アラビアゴム糊《のり》、七センチほどの光の反《そ》ったマニキュア用鋏の入った箱を取り出し、紙絵の制作は始まったとある。

毎日の食膳に珍しいものが出ると、箸もつけずに制作が始まり、夕食が真夜中の十二時にもなり、病院を困らせることもあったという。

北川太一氏による『智恵子相聞―生涯と紙絵―』には、ゼームス坂病院長であった斎藤玉男は、学者としても一流で、人柄も温厚篤実として知られ、病院内の研究室や図書室の完備を徹底した開放病棟の実践は、精神障害者を対象の病院にこだわらず、病室は全て個室、鍵はどこにもかけず、開放的な環境は時代を超越していたとある。

玉男自身の回想によると、「その代り患者をお安くは預かれなかった。特別高級な患者を扱ったと覚えております。詩人高村光太郎さんの智恵子夫人をおあずかりしたのもこの頃です」とある。

特別高級な患者の智恵子の入院費は、父光雲の遺産から捻出し、愛する妻のためにこの病院を選んだのは、光太郎であった。

終焉の地となったことは哀惜に耐えないが、智恵子にとって、ここでの三年八ヶ月の病院生活は、芸術に対する本能が呼び戻され、世界に類を見ないであろう芸術作品を生み出したアトリエであった。

二〇一三（平成二五）年、千葉市立美術館での高村光太郎生誕一三〇年記念展での、智恵子の本物の紙絵の展示は圧巻であった。

折紙を折って左右対称（シンメトリー）の繊細な模様を他色の台紙に貼り、立体的に透かせたり、コーヒーミルやスプーン、箸、ちりとり等、身辺の道具類、季節の花々や果物、食膳の料理、封筒を開いた台紙に貼った真っ赤な蟹、尾ひれ、背びれ、胸ビレを細く切り込み、鮮度の良い魚、面白い切り口のレンコン、レースのように優雅な花、杵を持つ兎とススキをあしらった空想の世界、帰りたがっていたアトリエ（家）が想像される、三角の尖った屋根の洋館らしきものもある。

語りかけてくるような一枚一枚は、紛れもなく光太郎ただ一人のために創られた作品だったが、見る物全てが感動させられる大芸術であった。

入院加療中には気晴らしもあったろうが、時どき病院の玄関口を出てゼームス坂を散歩していたという。

病院の隣りに住む提箸芳子さん（明治三十六年生）は何度か見掛けたと語ってくれた。

また、ゼームス坂に住んでいた郷土史家の武田喬氏も智恵子が歩いているところを見ていると想い出を話してくれた。大井町駅近くで生まれ、五十年近く八百屋さんを開いているという方によると、大井町駅近辺は畑地と雑木林におおわれていて、タヌキやヘビが住んでいる田舎だったとのことである。

いずれにしても、田村別荘で療養中に近所の子供たちにまで、キツゲ（気狂い）と言われた症状が快癒しつつあり穏やかな心を取り戻している。

智恵子の病室は二階の十五号室であろうと推測されているが未だに確証する資料は見つかってない。

余談ながら、このゼームス坂病院は後に東芝電機㈱の所有となり、東芝病院として運用されたが、新病院が完成してから東京マックス㈱に売却している。現在は、SEDIA渡辺パイプ㈱となっている。

東芝病院の施設課を訪ねたが売却した時点で当時の図面は廃棄したとのことであった。

さて、東南側の部屋の向い側にはゼームス氏邸があり、広い庭には欅の巨樹が見事に葉を広げている。

樹高二十米余り、直径一米を越える大樹で春には若緑、夏には緑陰をつくり秋には黄金に染まり冬には雪を被った大きな箒を思わせる。昭和五十八年十月品川区教育委員会の案内書によると、この地は英国人ジョン・M・ゼームス邸跡地である。M・ゼームスは一八六三（慶応二）年二十八歳の時来日した。そして坂本龍馬等とも知り合い、のちに日本海軍創設に貢献し明治三年海軍省雇入れ以降幾多の変遷を経て住いをこの地に構え、隣人に慕われつつ明治四十一年七〇歳にして没した……。その頃のゼームス在りし日を偲ぶ庭の欅も品川区の保存指定樹として樹齢百数十年の姿をそのままに、苔むす石垣と共に昔の面影を今に止めている。

病室は智恵子にとってのアトリエ

紙絵の制作時は、押し入れに向かって端座《たんざ》しており、時折、窓外を眺めていたという。

東側の病院の入口には、桜の巨樹がある。坂道をはさみ南側にはゼームス邸内の欅の巨樹が林立している。智恵子の十五号室は、病院の二階、東南の角部屋であった。

時折眺めていた目の先に、春には満開の桜、四季の変化に合わせて変容する欅の巨樹が映っていたことだろう。

この巨樹こそ晩年の智恵子を見続けてきた真の生き証人であり、芸術家・智恵子を温かく見守り励まし、すさまじいエネルギーを授けていたように思える。そして智恵子も、緑豊かに繁茂する枝葉に心の安らぎを享受していただろう。チィチィ…と、たくさんの小鳥たちの声も届いていただろう。

ここゼームス坂病院は、終焉の地というばかりでなく、智恵子によって日本で初めて〝切抜絵〟（紙絵）というジャンルが拓かれた、パイオニアの場所であったことにも、大きな意義を感じるのである。

病気と対峙しながら制作された「紙絵」について光太郎は、

「……千数百枚に及ぶ此等の切抜絵はすべて智恵子の詩であり、抒情であり、機智であり、生活記録であり、此世への愛の表現である。此を私に見せる時の智恵子の恥ずかしさうなうれしさうな顔が忘れられない。」

と書いている。

更に

「某月某日」

昭和十四年九月

額ぶちに入れて壁にかけた智恵子の切り紙細工が私には智恵子の全生活に見える。其を見てゐると智恵子の魂も肉体も智慧も欲望も、そしてかぐはしい此世の讃歌までも感じられ、又私への無言の訴をもひそかに聴くのである。実に細かな、かくれた、口には出さぬいたはりが画面に満ちてゐる。私の芸術も願はくは斯ういふやうにありたいと此を見るたびに思ふ。智恵子の一生は最も純粋に此所にいきづいてゐる。

と書いている。

人それぞれの解釈があるであろうが、私には光太郎の言葉が全てであると思う。

太平洋美術会の常任理事、佐田昌治氏は「智恵子の紙絵は単に紙絵といっても紙の色彩、模様、材質をいかして抽象画のようにのびのびと表現している。また物のもつ形の美しさに気づかされる。その時代、セザンヌ、ゴーギャンを理解した作家はどれだけいたか……。智恵子の紙絵の色彩や構図には両画家を感じさせるものがある」と評している。

さらに精神科医反成久雄氏による、二〇一二年十一月の宮崎県医師会日州醫事七五九号での随筆「高村智恵子をめぐって」は興味深い。専門的立場からの智恵子の病気分析とともに、智恵子の芸術については「最近では智恵子を芸術の殉教者とみなす意見も出てきており、そのすさまじい精神ぶりと、長い悪戦苦闘の末病死した生涯を考えると、私ももっともな評価だと思う」と書かれている。

平成八年十一月、品川区歴史資料館主催の『智恵子抄』に関する連続講座が開催された。

講師の北川太一氏は「ゼームス坂病院における智恵子」について次の様に講演している。（梗概）

「……ゼームス坂病院の智恵子は、当時特権階級の扱いであり、ドアには鍵はかけない開放的な病院であった。光太郎が訪れる前には、薄くなった髪をかき集めて後ろでまとめるしぐさや、座布団を裏返しをして凛と迎えたという智恵子に、精神を病んでもなお女としての美意識と、光太郎の妻としての立場をもっていた。……」

芸術は勿論、日常の所作にも智恵子の美意識を感じる。こんな智恵子が一層いとおしく愛らしく可愛く思えた、光太郎の目と心を感じる。

ここゼームス坂病院十五号室こそ、智恵子のアトリエであり、家の因習や堅苦しい社会の呪縛など全てから解放され芸術に精進できた処であり、夫婦の絆が固く結ばれたスイートルームであったと思えてくる。

智恵子抄文学碑

ゼームス坂病院のあった地元品川区では、教育委員会が「智恵子の療養地」史蹟と指定しており、地元有志による品川郷土の会が、平成七年八月に智恵子を偲ぶ文学碑を建立している。

その碑石は、中国より取り寄せた黒御影石で、光太郎直筆の原稿文「レモン哀歌」が刻まれている。そしてその碑の高さを、智恵子の身長に合わせて建てられているとのこと。（この高さは私の身長と同じであり智恵子と同じ身長であることを知った）。そして智恵子命日の十月五日は奇しくも私の誕生日でもある。不思議な縁を感じる。

いつ訪れても、ファンによってレモンが絶えることなく供されている。

智恵子抄「レモン哀歌」　高村光太郎

そんなにもあなたはレモンを待つてゐた
かなしく白くあかるい死の床で
わたしの手からとつた一つのレモンを
あなたのきれいな歯ががりりと噛んだ
トパアズいろの香気が立つ
その数滴の天のものなるレモンの汁は
ぱつとあなたの意識を正常にした
あなたの青く澄んだ眼がかすかに笑ふ
わたしの手を握るあなたの力の健康さよ
あなたの咽喉に嵐はあるが

ゼームス坂病院跡地。

かういふ命の瀬戸ぎはに
智恵子はもとの智恵子となり
生涯の愛を一瞬にかたむけた
それからひと時
昔山巓《さんてん》でしたやうな深呼吸を一つして
あなたの機関はそれなり止まつた
写真の前に挿した桜の花かげに
すずしく光るレモンを今日も置かう

＊＊＊

品川に紙絵残して智恵子逝き

平成八年、品川文化振興事業団が設立十周年を記念して全国から作品公募した時の、木村哲蔵氏の入選句である。川柳部門で入選五句の一句である。

紛れもなく、広く世に名をなした芸術家智恵子誕生の地であることに敬愛の念を強くするものである。

紙絵に残した「楠公像」

智恵子は、品川ゼームス坂病院で療養中に千数百余点の紙絵を制作した。

作品のジャンルは花や魚や野菜・果物など身近なものが多いが、異色の作品として高村光雲作の「楠木正成像」がある。病に冒されていた中で尊敬する義父・高村光雲の作品を紙絵に制作したのである。赤い紙を放射線状に貼った太陽をバックに新聞で掲載された楠公像の写真を切り抜いて、丁寧に貼っている。

拡張高いバランス感覚の中に、馬上の人は光雲をも想像させられる。高村家の嫁として、様々な想い出とともに感謝あふれる会話をしながらこの作品と向き合っていたことも想像に難くない。

この楠公像は皇居公園内に建立されており、昭和三十八年五月三十日付けの文化財保護法による特別史蹟と指定されてから一般公開されるようになったが、昭和の初期には一般市民は入園できなかった地域であった。

お濠端をはさんで楠公像の建つ公園の対面に東京会館がある。

皇居北の丸公園にてスケッチした「楠公像」。

昭和三（一九二八）年に、高村光雲の喜寿の祝賀会が東京会館で開催された。

智恵子は光太郎とともに出席しているが、智恵子四十二歳の時で、実家の長沼家が破産寸前のことであり智恵子の胸中には複雑な思いがあっただろうと思う。

守られた紙絵

戦火でアトリエ兼住居は全焼し、二人の全作品を焼失するが、智恵子の紙絵は光太郎によって三カ所に疎開されていたのであった。

戦時下保管を引き受けたのは、岩手県花巻病院長佐藤隆房、茨城県取手の詩人宮崎稔（のち、智恵子の姪春子の夫）、山形県上山の詩人真壁仁であった。

このときの超人的な光太郎の労苦も見逃せない。戦時下の東京から荷車（大八車）に積み、一人で取手駅の丸通小口扱いとして送っている。

光太郎自身の全ての作品は戦火から守れなかったが、妻・智恵子の作品を命がけで守ったことには感服させられる。どこまでも偉大な愛の深さを物語っている。

桜舞ふ東京都立染井霊園

所在地　東京都豊島区駒込五丁目五番一号

駒込一帯は、植木職人の地として名高い。染井吉野《そめいよしの》発祥の地でもある。初めての墓参は、平成七年三月十九日の春の彼岸入りだった。小雨の中を山手線駒込駅で下車。駅前は激しい車の往来とビル群に囲まれているが、一歩裏小路に入ると落ち着いた街であった。

霊園は、徒歩十分位の近さだが、駅前でそば屋に入り、好物の天婦羅そばを食べた。

レモンは新宿高野で買って来たが、供花は霊園の花屋さんで買った。

智恵子さんには菊よりも洋花が似合うと思って、マーガレットとフリージヤに決めた。

入口にある案内板にそって進むと「高村光太郎・智恵子の墓入口」と標柱が案内してくれて直ぐにわかった。

その入口の角には水道栓があり便利になっている。

高村家の墓地は一種（ロ）六号一列に位置している。「かなめもち」と竹で囲われ垣根がつくられて気品がある。お

高村家の墓。二人の終のすみか。

染井霊園の桜並木。
染井吉野の桜の発祥
地である。

墓の石段を登ると右側に豊周氏（光太郎の弟）十四回忌に建立された碑文があり、

花さすと
人はいえども
わがつくる
壺はもろ手に
かき抱くべき
　　　　豊周

とある。豊周氏は、写真家高村規氏のお父さんでもある鋳金家で、重要無形文化財保持者である。詩歌を与謝野鉄幹・晶子に学び日展の審査員、理事も務められている。
中央に建つ墓石には、一八六三（文久三）年から高村家歴代の法名が刻されている。

智恵子の法名
遍照院念譽智光大姉
昭和十三年十月五日（五十三歳）

光太郎の法名
光珠院殿顕誉智照居士
昭和三十一年四月二日（七十四歳）

と印されている。

智恵子と光太郎は十八年という隔世の重さを乗りこえて、ここに安らかに並ばれたのである。

「智恵子さん、本当に良かったね」と心に語りかけながら花束を手向けた。

雨あがりの湿った大気に、マーガレットとフリージヤの甘い香りが広がった。

白山通りをはさんで、染井霊園の反対側（西側）には旧中山道沿いに「おばあちゃんの原宿」として有名な巣鴨地蔵通商店街がある。

ここの高岩寺の境内には「とげぬき地蔵尊」が祀られてあり、足・腰・肩など五体の健康に御利益があることから年配者たちの信仰を篤くしている。

最近は遠方からのツアー客もふえて参詣者で賑っている。食事や買物、休日の散策など楽しい街である。

「おばあちゃんの原宿」といわれる巣鴨地蔵通商店街。染井霊園から徒歩6～7分、近くには東京染井温泉もある。

memo

Chapter 8

晩年の光太郎

吊花

山ユリ

高村山荘…岩手

みちのくの高村山荘へ

新幹線の新花巻駅で在来線の釜石線に乗り換えて東北本線の花巻駅に降りると、タイミング良く「高村山荘行き」と書かれた路線バスが待っていた。

みちのく花巻の旅、高村山荘への第一歩は平成八年十一月の秋晴れに恵まれた日だった。

バスの運転手さんや乗客の会話には耳に親しみ易いイントネーションがあり、土地柄ならではの郷愁を誘う。

「訛りなつかし停車場の……」と詠んだ歌人・石川啄木と「雨ニモ負ケズ……」の詩人・宮澤賢治の地元である。

車窓を開けると金木犀の香りが馨しく満ち、紅葉した山脈を背景に更には私の大好きなコスモスが沿道まで咲きそろい風に揺れながら迎えてくれた。日頃はバス酔いに弱い私だが快適な五十分の車中であった。

バスは大きく右に左にゆれて、「終点です！」と言う運転手さんに、何度も御礼を言って降りると「高村山荘」の大きな文字の看板がすぐ目の前にあった。

高村山荘

山荘というよりは小屋に等しいその建物は、保存のために外囲いされていたが粗末な材料の造作で隙間だらけであった。

内部には、三畳半ぐらいの板の間と囲炉裏があり、右側の土間には小さな流し台と棚がある。調理用具や漬物用の瓶《かめ》や甖《びん》が当時のままで生活の臨場感があふれている。どうみても高名な日本芸術界の巨匠の住居とは想像し難い。

ここに移住したのは、戦災で東京千駄木のアトリエ兼住居が全焼した後の一九四五（昭和二十）年。秋深い十月からの七年間で、光太郎六十二歳から六十九歳であった。ここで、自らの内省が『暗愚小伝』にて綴られている。

山荘の様子を光太郎は語る。

「間口三間、奥行き二間半、屋根は杉皮葺きで、板敷きに

高村山荘
高村光太郎記念館

案内

高村山荘
高村光太郎記念館

〒025-0037
花巻市太田3-85-1
電話：0198-28-3012
交通：東北本線花巻駅から
車・タクシーで40分

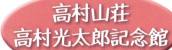

高村山荘全景。

高村山荘。
右側が套屋。

囲炉裏を切り、そのまわりにたたみが三畳、あら壁に穴をあけて煤を出す。」

冬には零下十六度の外界と隔てるのは障子一枚。吹雪になると夜具の上にも雪が積もり、インクも凍ったとある。いかに厳しい自然と対峙し孤独の中で峻厳な暮らしであったことだろう。

身の引き締まる思いと同時に、文明過剰な中で安易に生きている我が身に鞭で強く打たれたようなショックでもあ

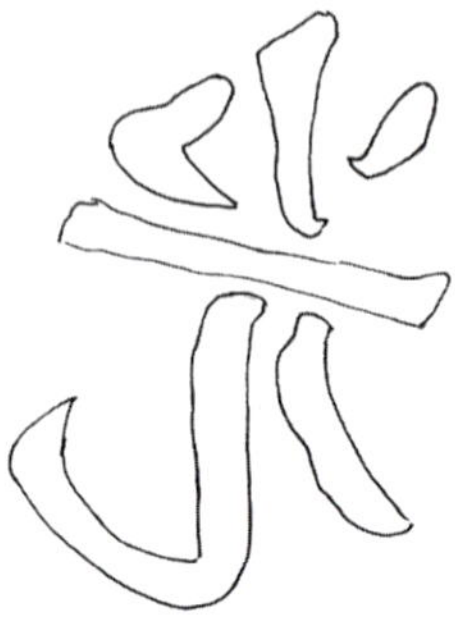

光太郎の手によるトイレ入口のくりぬき文字。じつは明りとりの効果あり。

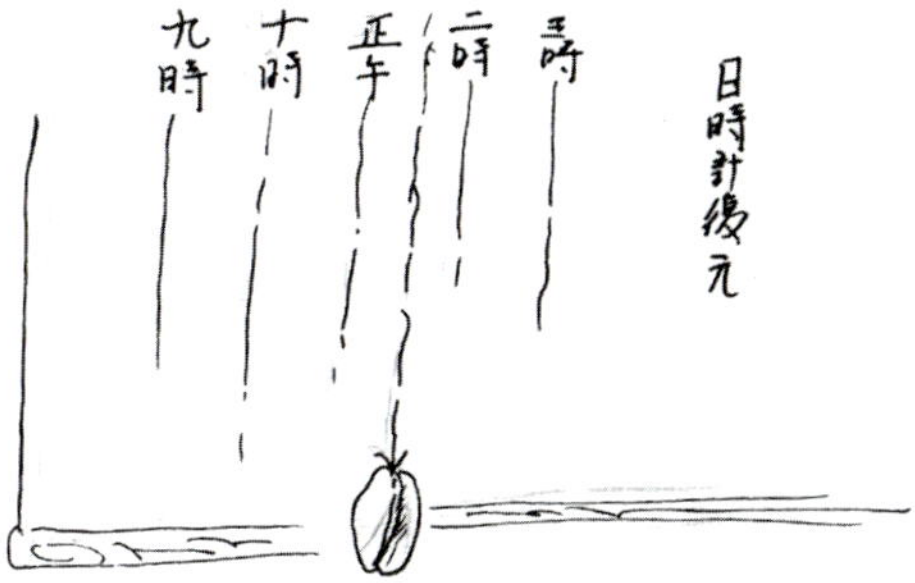

障子戸に作られた日時計。

ランプ。

「雪白く積めり」詩碑。
昭和33年5月建立。

った。

山荘は套屋《うわや》によって保護されている。これは光太郎を敬慕する村の人たちが一本一本持ち寄った木で建てられたものだったことが、佐藤隆房の著書『高村光太郎山居七年』にエピソードとして書かれている。花巻の人たちの温かさと光太郎の足跡の深さが伝わってくる書籍である。

毎年、光太郎が花巻に向けて東京を発った日の五月十五日には、山荘敷地内、詩碑前で高村祭が開催され、今年は第五八回目を迎えた。

隣接の高村光太郎記念館は、二〇一五（平成二七）年にリニューアルオープンされた。花巻における山居七年での身の回り品や彫刻、直筆原稿、様々な資料や智恵子の紙絵などが展示されている。

肉体的にも衰えた晩年に、強靭な精神力を保っていたことは此処を訪れた者にしかわからない。

大自然を満喫しながら山荘と記念館をまわり、ゆっくり温泉につかる、みちのく花巻の旅は是非おすすめである。

✲甥が語る光太郎の素顔

平成十年十月十七日に谷中の朝倉彫塑館で聴いた、高村光太郎の甥で写真家の規氏の講演は光太郎の知られざるエピソードに満ちていた。

昭和八年生まれの規氏の伯父についての記憶は六歳から始まる。氏は光太郎のことを「二十五番地の伯父さん」と呼び、子ども心にも伯父を彫刻家として見ていた。

家族の話では伯父はとても生真面目で利発ではあったが、おく手で、五歳ぐらいになってやっと話ができたという。十歳からは光雲の実家である一一五番地に住み、光雲の三番弟子が彼の面倒をみたために光太郎は幼少の頃から木彫りの技術を身につけていた。

光太郎は弟や妹たちの教育も担当したという。ロンドン留学の経験もあったことから手紙なども英文で書くよう指導し、丁寧に朱入れもした。

光太郎が智恵子と住むアトリエは木造三階造りで、外観は真っ黒でとがった傾斜の屋根、部屋は五、六室あって彫刻台が並び、それぞれに白い布が被せてあり子ども心にも薄気味悪かったそうだ。

実家から百メートルほど離れたところにあったので、母親からは夕方になるといつも煮物やお惣菜を「二十五番地に持って行きなさい」とお使いさせられた。近所の子供たちは光太郎の家をお化けやしきみたいで怖いと言って逃げた。自分も「伯父さんの家だよ」と言うのが恥ずかしく友達と一緒に逃げたことが何度もあった。

アトリエの周辺は蝉の宝庫だった。自分が一生懸命捕まえた蝉を伯父の光太郎からせがまれたが、「伯父さんでもあげられない」と断ると、そのことを母親（光太郎からすると妹）に言いつけた。母親を怒らすと小遣銭がもらえないので仕方なく伯父に蝉をあげた。あとでわかったことだが、伯父はこの頃木彫制作の見本にするために蝉をほしがっていたのだった。

光太郎は規の頭をさすったりなでたりしながら確認するように何回も触った。父親の光雲と甥の頭の形が似ているらしく、光雲の胸像を作るために必要だったようだ。

光太郎には潔癖で神経質な一面があり、コインは不潔で汚いものだと思っていた。だから、ガラスのコップの中に薬品を入れてきれいに消毒してから使用していた。

経済的には貧しかったとは思えない。靴はイギリスから取り寄せていたし、お茶は光雲は百グラム二円のお茶だったが、光太郎は百グラム十三円の高級茶であった。食事も光雲は純日本食で、朝ご飯は、味噌汁、納豆、おしんこ。昼ご飯は味噌汁、焼き魚、夜ご飯は刺身、味噌汁が中心のメニューだった。一方光太郎は洋食を中心に、レタス、マヨネーズ、トースト、アスパラガス、コーヒーという具合であった。またロンドン留学時のアパートも高級で、四〇〇室もあるアトリエ群の一室であった。

昭和十三年十月五日夜、品川ゼームス坂病院にて智恵子永眠の知らせを受けて、母親に連れられてアトリエに行った。ほどなくして光太郎と父が智恵子をハイヤーに乗せて病院から帰ってきた。光太郎は智恵子を両手で抱えていた。母親は泣きながら死化粧を始め「これでやっと楽になったでしょう……」と紅をさした。智恵子は丸顔で色白で綺麗だった。光太郎の好みの人だった。

規氏が講演された時点で、その時のハイヤーの運転手さんは稲城市で御健在とのことだった。

昭和二十年四月、東京大空襲によってアトリエは全焼した。父親の豊周が戦火が激しくなったので作品を実家の蔵に収蔵するように勧めたが、光太郎は何度か断った。彫刻刀四〇〇本と光雲の作品「洋犬の首」そして砥石が四点のみ残して、すべての一切を焼失したのであった。その後、光太郎は岩手県花巻郊外の山村に移り住むことになる。

✲智恵子とともに

光太郎はここで多くの詩をつくっている。

「報告」を始め「松庵寺」「噴霧的な夢」「若しも智恵子が」「元素智恵子」「メトロポオル」「裸形」「案内」などがあるが、全てが温かく柔らかく智恵子に語りかけているような内容になっている。

智恵子を慈くしみ愛の心情が滲みでている。智恵子の生前に詠んだ強烈な表現と趣がちがい、老境になって優しく語りかけている。

とりわけ私は詩「案内」が好きである。

「案　内」

三畳あれば寝られますね。
これが水屋。

これが井戸。
山の水は山の空気のやうに美味。
あの畑が三畝、
いまはキヤベツの全盛です。
ここの疎林がヤツカの並木で、
小屋のまはりは栗と松。
坂を登るところが見晴し、
展望二十里南にひらけて
左が北上山系、
右が奥羽国境山脈、
まん中の平野を北上川が縦に流れて、
あの霞んでゐる突き当たりの辺が
金華山沖といふことでせう。
智恵さん気に入りましたか、好きですか。
うしろの山つづきが毒が森。
そこにはカモシカも来るし熊も出ます。
智恵さん斯ういふところ好きでせう。

私がこの詩文で特に好きなところは、「智恵さん気に入りましたか、好きですか」と問いかけている部分で「智恵さん斯ういふところ好きでせう」と呼びかけているところである。

六十歳代の男性とは思えない純情な心で、新妻を迎える愛の絆の強さを感じるのである。

何がこの健康的な若さと魂を守り、みちのくの山奥で七年間もの山里の生活を支えたのであろうか。

この光太郎の山居生活の背景に、どうしてもとりあげたい人物がいる。

未見の詩人・野澤一との交流

野澤一と高村光太郎との共通点は、詩人であることと、時世と場所こそ異なるが、いずれも山間僻地で自炊しながら独居自炊生活を過ごしている点である。

光太郎は晩年に於いて、戦災により余儀なく岩手県の寒村に疎開して七年余りを過ごしたが、その以前に野澤は自らを「木葉童子」と称して、山梨県四尾連湖畔の小屋に籠り独居自炊しながら詩作を続けて五年余を過ごしている。

野澤は一九〇四（明治三七）年、山梨県の生まれで光太郎より二十一歳若く、光太郎に深く心酔し、尊敬していた。

野澤は昭和二十年、四十二歳で没し、光太郎は同年に岩手県に移住している。

野澤は生前、詩の原稿や詩集そして二百余通の書翰を、千駄木林町二十五番地のアトリエに送付している。会うことも可能であったろうが、生涯未見のまま書翰による交流であった。

四尾連湖。

四尾連湖小道。

埼玉県新座市在住の野澤一の長男俊之氏は「父らしい……。実は千駄木の光太郎の家を訪れたが、会わずに帰ってきている。多分それは、尊敬する光太郎さんのイメージを崩したくないという、父の深い想いであったのだろう」と語って下さった。

光太郎に送付した書や詩作の下書きの原稿をまとめた『木葉童子詩経』が文治堂書店から昭和五十一年に出版されている。

また、二〇一五（平成二七）年出版の坂脇修治著『森の詩人　日本のソロー・野澤一の詩と人生』で、野澤を深く知ることができる。

野澤が光太郎に送った手紙の一部を挙げてみたい。

「……現在生存している詩人でぼくが一番尊敬しているのは高村さん一人くらいです。あの人にはぼくのいわんとすることがいくらかでも解っ

野澤一詩碑。

高村光太郎文学碑。

てもらえると思ったので、あのような手紙を書いたのです……」

「……家に帰っていい気持ちなので、あなたに書きます。私はあなたの綴り方、十年この方何んとかして探しては読んでいます。この広い世にも骨のある作文を書く人はホントにすくないものです。」

野澤は、光太郎を師とも親とも兄とも思う全幅の信頼と敬慕の念から、心おもむくまま率直に書いているのがひしひしと伝わってくる。

光太郎もまた、野澤の情熱と純粋さに丁寧に礼状や返事を書いているが、木葉童子の手紙に関する文章を「歴程」に書いているので全文を紹介したい。

「木つ葉童子と自称する未見の詩人野澤一氏から二百回に亘つて毎日手紙をもらつたが、これで一先づ中止するといふ事である。彼は古今の人物を語り、儒仏を語り、地理地文を語り、草木を語り、春夏秋冬を語り、火を語り、わけても水を語り、墓地を語り、食を語り、女を語り、老僧を語り、石を語り、土を語り、天を語り、象を語り、つひに大竜を語る。甲州しびれ湖畔の自然を語る時、彼の筆は突々として霊火を発する。この詩人の人間に対する愛の深さには動かされた。童子独特の言葉づかひに偏倚の趣はあるが、それが又彼の東洋の深と大とを語るにふさはしくもある。彼は西欧的な叡智を小とし、東洋の無辺際を説く。彼は私を叱咤する。私の詩を読んでゐて、こんなものでいいのかといふ。こんなところに躊躇してゐてどうするのだといふ。それを思って肌に粟を生ずるといふ。私はこの人にどう感謝していいかわからない。二百通に及ぶこの人の封書を前にして私は胸にせまる思がする。そしてこれこそ私にとつての大竜の訪れであると考へる。私は此の愛の書翰に値しないやうにも思ふが、しかし又斯かる希有の愛を感じ得る心のまだ滅びないのを自ら知つて仕合せだと思ふ。私は結局一箇の私として終るだらうが、この木つ葉童子の天来の息吹に触れた事はきつと何かのみのり多いものとなつて私の心の滋味を培ふだらう。もうこの叱咤の声も当分きけないので物足らぬ気がする。私は折にふれて此等の手紙をくりかへし読まうと思つてゐる。不思議な因縁があるものだ。」

未見の間柄なのに、野澤一を「大竜の訪れ……」と称し、心の師弟を思わせる二人の深い信頼と強い絆が切せつと伝わってくる文面である。

自炊しながらの独居生活では、先輩格に当たる野澤一の生活と信条が光太郎の心に強い印象を与え、花巻の山村で自炊生活を決意する遠因の一つにあったであろうことは容易に思量される。

光太郎の手帳の人名簿のNの部二十五人の中の八番目に、野澤一の名前・住所が書かれていたという。

富士川の流れる山梨県増穂町には、野澤の尊敬する高村光太郎の碑が建ち、四尾連湖畔には、野澤一の文学碑があり、二人が向き合う形で建立されている。

刻を越えて、二人の交流は今なお続いている。

三畝の畑

麦藁帽子を被ぶり、トウモロコシやトマトを収穫している光太郎の写真が残っているが「三畝《せ》の畑」にはコスモス

三畝の畑。自給自足で数多くの野菜を作った。

の花が風に揺れ、秋の雑草がたくさんの愛らしい種をつけていた。畑の区別をするように畦が丸く盛られどこか光太郎の書に似たような美しい筆跡に思えた。

この畑で沢山の野菜をつくり「智恵さん美味しいですか、智恵さん美味しいでせう」と語りかけながら食卓を囲んだ在りし日をほうふつとさせる。

更に、「小屋のまはりは栗と松」と詩が続くが、当時のままであろう山栗がたくさんの実をつけていた。落果して

智恵子の丘で拾い集めた山栗。東京での栗ご飯となる。

ほととぎす。

いたものも多く、あやかる気持ちで記念品のつもりで拾い集めた。

東京に戻ってから早速に栗御飯を炊いた。「智恵さん美味しいでせう」と呼びかけた光太郎の気持ちを大切にして、『智恵子抄』ファンの親友たちと「みちのくの旅」談義をしながら美味しくいただいた。小粒な山栗だが濃縮された旨味と甘みがあり、昔、子どもの頃育った山梨で食べた味に似ていてなつかしさ倍増であった。悠久のときを経ても変わらない季節の実りが神々しい。

智恵子の丘

「坂を登るところが見晴らし」とあるように、山荘から更に奥へ進むと右手に坂の小道がある。登りきった丘が見晴らしのよい「展望二十里」で奥羽の山脈を展望できる。

光太郎は、その展望台地から時折「智恵さーん」と大きな声で呼びかける姿を、村の人や郵便配達夫も目撃したとの伝聞が記録されている。

智恵子と光太郎さんに出会える最高のロケーションであった。

訪れた当時の光太郎記念館。

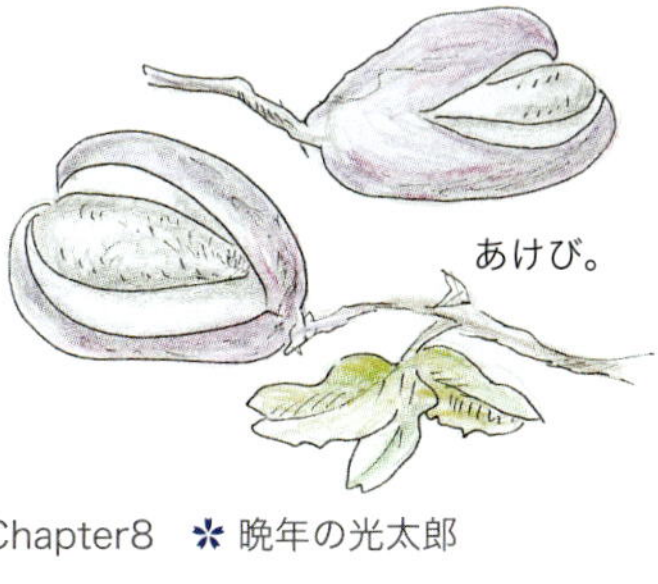

あけび。

ヒガンバナ。

✻高村光太郎記念館

「智恵子の丘」を降りて右側百米余の奥に高村光太郎記念館があった。現在は山荘入口に移転、古い建物は倉庫として使われているが、記念館の別館として使う計画もあるという。

入口正面に展示されている十三文半の大きなゴム長靴にまず圧倒された。

長身で格幅のよい光太郎の写真は見慣れているが実物の長靴を見て足の大きさを改めて実感した。そしてその威風堂堂とした容姿からは寛大な精神力が感得される。

感激と感動で記念館をじっくり観賞しすぎて、とんでもないハプニングになってしまった。最終バスに乗り遅れて途方にくれ、タクシーを呼ぼうとして電話を借りに行ったところ、後片づけをしていたお土産屋の若奥さんが気の毒に思ってか「車で花巻まで送ってあげますよ……」と親切に言って下さった。「地獄に仏」とはこういうことを言うのであろう。しかも偶然にも若奥さんは私と同じ板橋区の出身の方で、東武東上線で一駅隣の方であった。不思議な感動に包まれながら、無事帰京の途につくことができたのであった。まだ携帯電話など持ち合わせていない時代だったが、光太郎さんと智恵子さんからの大きなプレゼントだったと今でも確信している。

晩秋のみちのく、智恵子抄点睛の旅であった。ありがとう。

大好きなコスモスに囲まれて。

十和田湖…青森

十和田湖畔と奥入瀬渓谷

十和田湖畔の裸像に与ふ

高村　光太郎

銅とスズとの合金が立つてゐる。
どんな造型が行はれようと
無機質の図形にはちがひがない。
はらわたや粘液や脂や汗や生きものの
きたならしさはここにない。
すさまじい十和田湖の円錐空間にはまりこんで
天然四元の平手打をまともにうける
銅とスズとの合金で出来た
女の裸像が二人
影と形のやうに立つてゐる。
いさぎよい非情の金属が青くさびて
地上に割れてくづれるまで
この原始林の圧力に堪へて
立つなら幾千年でも黙つて立つてろ。

昭和二十八年

私が初めて十和田湖を訪れたのは、乙女の像が修復されてから二年後の平成八年九月の連休であった。

上野駅発、寝台列車「鳥海号」は二十一日の朝九時十五分に青森駅に到着した。

朝一番に構内のキオスクで飲んだしぼりたての牛乳の美味しさは今も忘れない。

路線バスで奥入瀬の樹間を走る初秋の車窓はさながら一幅の絵であった。

渓流の真っ白い水しぶきと、木漏れ日の続く景勝は、スライドショーのように動く画廊を見ているようだった。

黄金に染まる乙女の像

高い台座に立つ「乙女の像」を見上げ、長い間の夢が実現した感動で胸が高鳴り、長旅の疲れも忘れるほどだった。

実に素晴らしい！

最初の実感だった。

想像していたよりはるかに大きな彫刻であった。広大な自然の中にあって、眼前の湖水や周辺の樹幹に呑み込まれない迫力と存在感は凛としてたのもしい。

向き合う二体の手と身体が少し前のめりになっていて、足元の台座から地上へ三角形の円錐空間を成している。三角形は無限性を表すといわれるが、巨匠セザンヌが多く用いた構図である。厳しく美しいみちのくの環境の中で〝幾千年でも立つてろ〟と呼びかける光太郎のメッセージが宇宙に向かっているかのように響いてきた。遠目には気付きにくいが、かなり粗い肌、威風堂堂としたボリューム感は圧倒的だが、遠くから樹間越しに見ると神秘的である。

台座側面に刻まれている経緯によると、岩手の山奥で七年を暮した後、東京中野のアトリエでの光太郎最後の大作である。

モデルを使っての制作とあるが、私にはどうしても智恵子そのものの面影が偲ばれる。

昭和二年に制作した「智恵子の首」の塑像の表情がどうしてもダブって見える。

光太郎自身にも意識・無意識に拘らず智恵子の面影があったことは否めないと思う。

山の一日は早く、夕陽が傾き湖畔の大自然の景色をかえはじめると、観光客も少数となり、静寂さがただよい始めたので、予約した近隣の旅館にチェックインして、夕食前に再び乙女の像に佇むと、夕陽に染まる湖面も、乙女の像も黄金につつまれて神々しくあった。

その夜は、乙女の像の智恵子が近くにいる感動で興奮治まりがたく、朝を待ち食事前の散歩に出た。途中、十和田神社に参拝してから像に向かったが、朝の冷気の中に建つ「乙女の像」は、朝日を受けて清々しく近寄りがたい崇高さが感じられた。

朝夕の光に表情をかえながら神秘的に乙女の像は端然と生きている。

心病んで哀切なイメージを払拭するかのような健康的な智恵子がここにいる。

早朝に会えたのは何よりの幸せであった。

雨後の初夏に訪れたときは、雨に洗い清められた裸像

青森駅より十和田湖コース

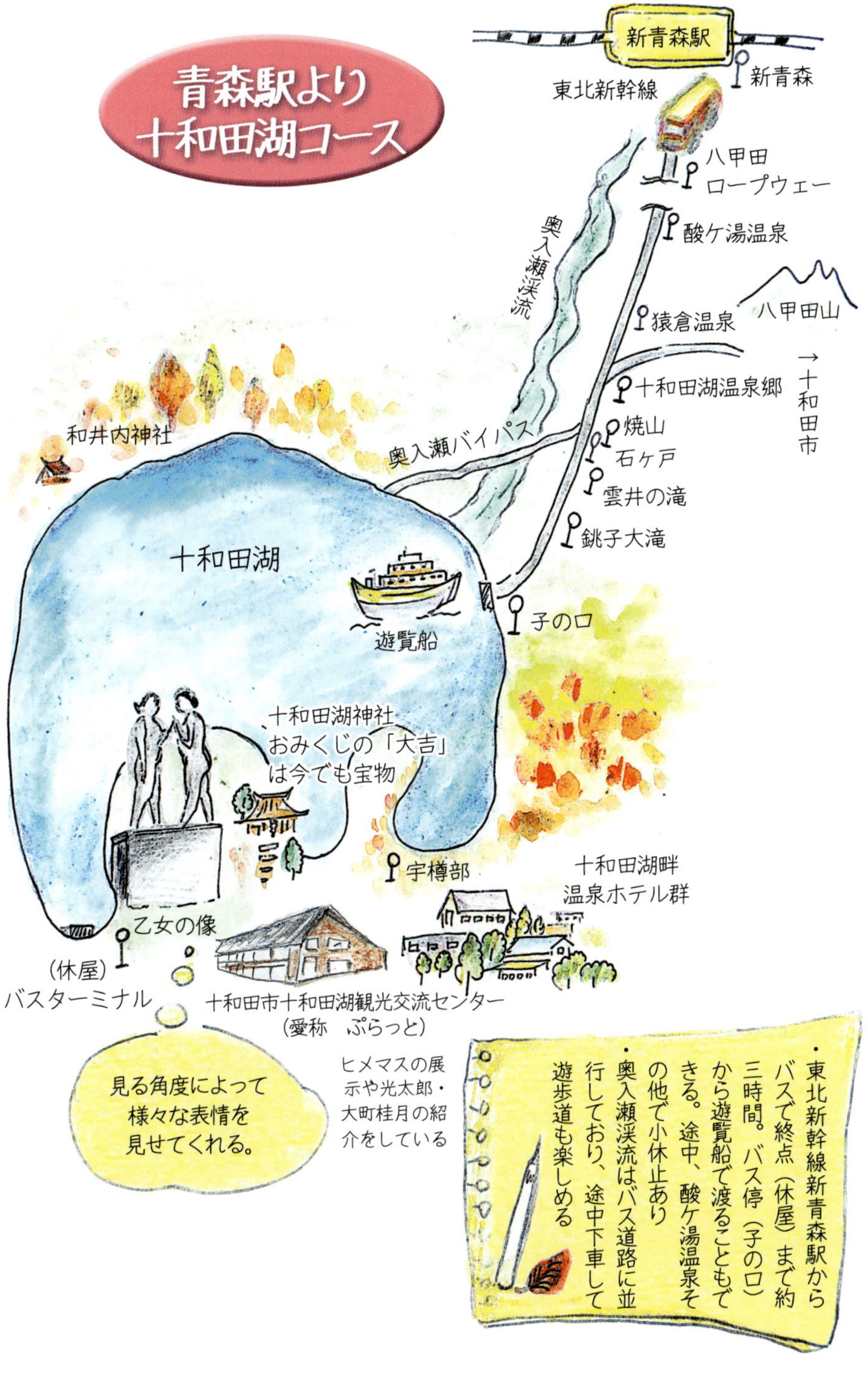

早朝の乙女の像。

に、萌葱色の新緑の樹々がささやきかけるような光景。おなじみのボッティチェリーのビーナス誕生の名画と重なり、神々しかった。

旅のパンフレットには「おなじみのこの『乙女の像』は訪れてながめるに限る。四季折おり違った姿で迎えてくれる」とある。真っ白い雪に包まれた姿にもぜひお目にかかりたいものだ。

「幾千年でも黙つて立つてろ」と裸像に与ふ詩で光太郎が言っているように、永遠に建ち続けて保存されるようにと願う「乙女の像」である。

秘められた『乙女の像』

かつて光太郎は、一九五〇（昭和二五）年六月に評論家の神崎清（一九〇四〜一九七九）との対談「自然と芸術」（補遺巻収録）で、「智恵子の顔とからだを持った観音像を一ぺんこしらえてみたいと思っています。仏教的信仰がないからおがむものではないが、美と道徳の寓話としてあつかうつもりです。ほとんどはだかの原始的な観音像になるでしょう……」と言った。

その五ヶ月前に発表された詩「裸形」で光太郎は、奥深い決意を吐露している。

裸　形

智恵子の裸形をわたくしは恋ふ。
つつましく満ちてゐて
星宿のやうに森厳で
山脈のやうに波うつて
いつでもうすいミストがかかり、
その造形の瑪瑙質に
奥の知れないつやがあつた。
智恵子の裸形の背中の小さな黒子まで
わたくしは意味ふかくおぼえてゐて、
今も記憶の歳月にみがかれた
その全存在が明滅する。
わたくしの手でもう一度、
あの造形を生むことは
自然の定めた約束であり、

そのためにわたくしに肉類が与へられ、
そのためにわたくしに畑の野菜が与へられ、
米と小麦と牛酪とがゆるされる。
智恵子の裸形をこの世にのこして
わたくしはやがて天然の素中《そちゅう》に帰らう。

作家佐藤春夫は昭和二七年三月、光太郎へ依頼の手紙を送っている。それによると、「……あの森厳崇高な自然に対して置かれるべき芸術品は貴下の御制作より外ないと存じます。……御健康のゆるす限りは、どうか億劫がらないで大小に拘わらず何なりと御制作を一つどうぞあの湖畔にお残し置き下さい。あそこに貴下以外のへんなものが置かれては人間の恥だから……」

平成二七年三月十日発行、十和田湖・奥入瀬観光ボランティアの会による「十和田乙女の像のものがたり」には、完成までの壮大なドラマが収録されている。

台座の側面には、「乙女の像」が光太郎によって制作された建設の経緯がある。

山中に仙境あり人知らず

大町桂月氏は、明治四十一年初めてこの地に遊び景観に感動のあまり文をもって廣く世に紹介する……略……。

「この塑像は、十和田国立公園拾五周年を記念して前記三氏の遺徳を偲び功績を顕彰するため、特に制作を高村光太郎氏に、設計を谷口吉郎氏に依嘱して建設した。」

昭和二十八年十月十五日
十和田国立公園功労者顕彰会
会長
青森県知事　津島　文治

と刻まれている。
（筆者注・津島文治氏は太宰治の実兄）

後年、北村正哉県知事により次のように添え書きの説明文が追加されている。

平成六年六月
青森県知事　北村　正哉

「乙女の像」は昭和二十八年十和田国立公園十五周年を記念して十和田湖を初めて世に紹介した文人大町桂月、十和田湖開発に尽力した元青森県知事武田千代三郎、元十和田村長小笠原耕一の三氏の功績をたたえる記念碑として彫刻家・詩人の高村光太郎によって制作されました。建立されて以来、十和田湖のシンボルとして長年にわたって多くの方々に親しまれてきましたが厳しい自然環境の中で像と台座の一部に傷みが目立ち始めたことから、このたび制作者の気持ちを思ひやり永久に建ち続けられるように修復し保存する手当てを施しました。像を取りまく礎石はあまねく当地の十和田のものであり、像を支える台座は湖水の息吹が映えるように心がけました。これらのすべてが必ずや十和田湖の美しい自然との一体感をかもし出してくれることでしょう。

と結んでいる。

最後に、大下藤次郎の紀行文「十和田湖」の一章を紹介したい。

明治四十四年に訪れた時のものである。

「十和田湖は、湖水そのものよりも湖畔の林がよい、林の木は桂、槻、樟、山毛欅、イタヤ、朴、楓、楢の類がおもで針葉樹は少ない。それらの木には紅よりも赤い葉の山が高く高く絡まっていて目をむさぼるばかりに美しい。見渡したところ、頭の円い樹ばかりの中に珍らしくも杉並木のあるのは休屋で村の入口から十和田神社の鳥居脇まで続いている。……略……」

とある。

大下藤次郎は日本画壇、水彩画の第一人者であり、太平洋画会研究所の創立者の一人である。

智恵子が太平洋画会研究所で洋画を学んでいた頃に、大下藤次郎は、十和田湖を訪れており多くの作品を発表している。

智恵子も旅行談を直接聴き作品も見ていると思われる。奇しくも後年に光太郎によって、乙女の像（私は勝手に智恵子の像と思っている）が十和田湖のしかも休屋の湖畔、十和田神社の近くに建立されている。

　智恵子、太平洋画会研究所、大下藤次郎、十和田湖、休屋と不思議な因縁を感じるのはこじつけであろうか。

✲東京中野の中西アトリエ

　画家・故中西利雄氏のアトリエは、光太郎が岩手県花巻郊外太田村から帰京し、「十和田湖畔の裸婦群像（乙女の像）」が制作されたところである。

　念願叶い、東京中野区にある中西利一郎氏のお宅にお邪魔させていただいたのは、二〇一五（平成二七）年五月の猛暑の日であった。

　氏のお父様は著名な水彩画家中西利雄であったが、一九四八（昭和二三）年に早世され、直前に完成したこのアトリエは使われず、一時期、彫刻家ノグチ・イサムも使用していた。

　築七十年当時のままのアトリエにおなじみのチャンチャンコ（智恵子手製）姿で笑顔の光太郎の写真が迎えてくれて緊張がほどけた。利一郎氏から光太郎生前の貴重な映像を見せていただき、涙があふれた。

　さらに、利一郎氏の母冨江さんが大切に保存されてきた当時の資料が残されていて、感慨一入《ひとしお》であった。

　光太郎から託された買い物メモには、野菜、肉、魚、ケーキ、薬（ビオフェルミン）などがあり、肉のグラム数や、お店の地図もあり、光太郎の細やかな気配りも伝わってくる。

　光太郎は、妻智恵子の命日には必ず、二人分の食膳を用意されていたとのこと。

　さらに微笑ましいものを見せていただいた。原稿用紙を折り畳んで作ったのし袋に、光太郎の文字で「こどものひのおいわい」と「おとしだま」と書かれたものであった。これを戴いたのは、案内してくださった利一郎氏である。父光雲が毎年子どもたちにしてきたことであったとの説明にも胸が打たれた。

　北側の大きな窓からの光は、やわらかく心地好かった。紛れもなく、光太郎と、二メートル十センチの巨大な「乙女の像」を照らし続けていた窓である。

　光太郎は、帰京して一ヶ月後の十一月、「報告」の詩の中で（前略／あなたのきらひな東京が／わたくしもきらひになりました。／仕事が出来たらすぐ山に帰りませう。／あの清潔なモラルの天地で／も一度新鮮無比なあなたに会ひませう。）と詠っている。

しかし、一九五六（昭和三一）年四月二日午前三時四五分、享年七三歳の人生を静かに閉じた終焉の地となった。

東京は季節外れの大雪の朝であったが、窓から見える前庭には、光太郎が好きだった黄色い連翹の花が、春を告げていた。

この花にちなんだ「連翹忌」が、毎年、東京の日比谷公園内、松本楼で行われている。どなたでも自由に参加できて、私も常連の一人である。ちなみに、連翹忌の連絡先は次の通りである。

〒287-0041
千葉県香取市玉造三-五-十三
高村光太郎連翹忌運営委員会代表　小山弘明
TEL／FAX　〇四七八-五四-〇六七一

余談だが、アトリエを提供し献身的に光太郎のお世話をされた利一郎氏のお母様と私は同じ名前である。「冨江《とみえ》さ

中西アトリエ。

ん～」と呼ぶ光太郎の声が、遠き彼方から聞こえてきそうで妙に心温かかった。

『智恵子抄』が世に出るまで～光太郎の苦悩～

「『智恵子抄』は徹頭徹尾くるしく悲しい詩集であった。」と後に光太郎は語っている。

最愛の妻を亡くし、失意のどん底にあった光太郎に出版を決意させたのに、彼を敬愛する龍星閣主人・沢田伊四郎氏の存在は大きい。

智恵子を売り物にしたくないとこだわり続けていた光太郎であったが、

「…だが今は書こう。…明治、大正、昭和の時代に人知れず斯ういふ事に悩み、かういふ事に生き、かういふ事に倒れた女性のあつた事を書き記して、それを彼女への餞とする事を許させてもらはう。一人に極まれば万人に通ずるといふことを信じて、今日のやうな時勢の下にも敢て此の筆を執らうとするのである。」

長いためらいの末、詩集刊行に踏み切った光太郎の思いは「智恵子の半生」のこの一節から読み取ることができる。

沢田の根気強い説得から三年、出版にこぎつけたのは一九四一（昭和十六）年の八月。真珠湾攻撃の三ヶ月ほど前のことであった。

初版は五千部、定価二円五十銭でたちまち完売。戦争中の三年間に十三刷、戦後合わせると四十刷を超え、永遠のベストセラーになっている。

戦時下、朱赤色の表紙に銀の背表紙という格調高い本であった。

「君が発見し、君がつくった本だからきみのものだ。印税など考えてくれるな」と言って固辞し受け取らず、仕方なくポストに現金を投げ込んで帰ってきたと、沢田は「婦人朝日」一九五七（昭和三二）年七月号で語っている。

これが、高村光太郎という人である。

光太郎没後、『智恵子抄』は、映画、舞台、能、舞踊、歌、小説、文庫本など、様々なジャンルで取り上げられているが、生前の光太郎自らが、厳密な校正と、これ以上内容を変更してはならないと主張して上梓されたものは他にないとのこと。半世紀以上もベストセラーを保っている背景を物語っている。

『智恵子抄』が、単なる愛の詩集ではなく、生きること、生きていくこと、命の尊厳など、もっと根源的な人間の有り様に深く関わっていることが、読み重ねるほど心に染みてくる。まさに人類史上に残る、永遠のベストセラーではないだろうか。

みやまりんどう

野いちご

memo

くず

Chapter 9

智恵子の油絵が展示されている山梨の美術館

ガクアジサイ

苗代苺

清春白樺美術館…山梨県

清春白樺美術館。

ルオー礼拝堂。20世紀最高の画家ルオーを記念して建設された礼拝堂。内部祭壇上の木彫十字架は17世紀、ルオー自身が彩色したもので、ルオーの次女イザベルより寄贈されたものである。

清春芸術村・山梨県清春白樺美術館

富士山・南アルプス連峰・八ヶ岳・茅ケ岳など四方に美しい百名山を見渡せる丘の上に、清春白樺美術館がある。一九八三（昭和五八）年、清春小学校の跡地に建設された。作家、武者小路実篤や志賀直哉など「白樺」同人によ

鳳凰三山
日本百名山
甲斐駒ケ岳
2967 m
南アルプス連峰
清春芸術村
白樺美術館
サントリー
天然水工場
キャンプ場
日本百名水の白州
広大な自然があふれていて
一日楽しく過ごせる
レストラン完備、
工場見学もできる
尾白川
サントリー白州蒸留所
松本→
銘菓信玄餅の
金精軒
小海線
小淵沢駅
釜無川
甲斐小泉駅
甲斐大泉駅
清里駅
→小諸
日本一の富士山
が見られる
蕎麦の「翁」
蕎麦通に
知らぬ人なし
樹齢 80 年余の
桜で囲まれている
中央自動車道
清春芸術村
白樺美術館
南アルプス連峰が
一望できる
長坂駅
←韮崎・東京
長坂町は国蝶オオムラサキが全国一の生息地。
夏には美しい姿に出合うことができる。
案内
清春芸術村（白樺美術館）
ＪＲ中央本線新宿駅より2時間
長坂駅下車徒歩25分
タクシーでは5分
山梨県北杜市長坂町中丸2072
電話　0551－32－4865
入場無料（ただし、桜の時期は
桜を守る基金のため有料です）
★蕎麦の「翁《おきな》」
北杜市長坂町中丸2205
電話　0551－32－5405

って計画されたが果たせなかったその幻の美術館が、東京銀座、吉井画廊の吉井長三会長によって実現したのである。

『白樺』の同人が最も重視した、画家セザンヌ、ゴッホ、ロダンの三巨匠をはじめ、ルオー、ピカソ、梅原龍三郎、岸田劉生、バーナードリーチ、中川一政、有島生馬、高村光太郎、木村荘八など、『白樺』に縁《ゆかり》の深い芸術家の作品を収蔵展示している。

さらに驚くべきことに、なんと智恵子の絵が所蔵、展示されているのだ。大正二年、静岡県沼津市で描いた「樟」の油絵が、智恵子が師と仰いだ巨匠、セザンヌの絵と一緒に展示されているのである。

画家としての智恵子の作品のほとんどは戦火で焼失しており、この「樟」の絵は現存する三枚の中の貴重な一枚である。

後年の智恵子は、紙絵があまりにも有名となり、一般的には画家としてのイメージが薄いが、この「樟」は、洋画

白樺図書館。白樺派同人の文学作品や白樺派に関する資料、美術専門書、絵本など所蔵されている。

梅原龍三郎邸。東京新宿加賀町の梅原邸を移築。おなじみの赤いバラの絵が飾られている。

家高村智恵子の名をも実証している。ファンの一人としても無上の喜びである。

私がこの「樟」の絵を最初に見たのは、昭和六十一年五月に、銀座二丁目の東京セントラル美術館で開催された「光太郎・智恵子展」の時であった。

二〇〇九年六月号の「サライ」に、白樺美術館吉井会長の談話が紹介されているが「……自分が本心から手元に置きたいと思う物、好きな絵を手に入れること……」と文中にある。

挫折に悩み続けた智恵子だったが、この一枚の「樟」が吉井会長によって見出され、脚光を浴びたことは幸いであった。

そして、多くの人々に観賞されていることを、泉下で喜んでいることと思う。

近くを中央本線が走っている。最寄り駅の長坂駅も近い。大正二年九月、上高地にいる光太郎のもとに向かって揺られていた列車である。奇しくも同年、沼津で描いた「樟」が、揺られた列車沿線の美術館に所蔵展示されるとは、不思議な縁を感じる。最もふさわしい美術館ではなかろうか。

梅原龍三郎と光太郎

梅原が留学先のフランスで譲られたアトリエは、帰国する光太郎が使用していたアトリエであった。二人の交流は続き、光太郎の告別式には弔辞を読まれている。

小林秀雄氏の枝垂櫻

清春小学校の跡地には、開校当時に生徒たちの手によって植えられた染井吉野の桜が、八十年の歴史を刻んでいる。高台にあり涼風が風景を一層美しくしている。

こよなく桜を愛された批評家・小林秀雄氏が、この風景を賞讃されてここに芸術村を造営することを提唱された。そして鎌倉の自宅の庭から枝垂桜を移植された。記念樹として芸術村のシンボルの一つとなっている。

ラ・リューシュ

芸術村の中央には、メインシンボルとなる十六角形の「ラ・リューシュ」が建造されている。フランス語で「蜂

フランス語で蜂の巣を意味するラ・リューシュ。

樹齢80年の木を使い地上4メートルくらいの空中にある茶室「徹」。

の巣」のことである。

ラ・リューシュの建設に当たり、吉井会長は自ら渡仏して、直接に移築の申し入れをしたが、このラ・リューシュのアパートは、フランスでも貴重な建造物らしく、フランス国営として維持管理されているとのことだった。

そこで、建物の設計図を譲り受け、同寸法で再現することの了承をとり再現したものである。

この建物はアトリエ兼宿泊所として一般に開放されており、その偉容は清春芸術村のシンボルとなっていて、たくさんの芸術家達に使用されている。青空を映した広い窓から、絵筆をにぎった智恵子に出会えるようであった。

広い敷地内には、図書館や茶室「徹」がある。阿川弘之氏の命名による。巨木の枝に支えられて茶室があり一見不安定のようだが、梯子で登り降りする珍らしい建物である。

吉井会長の、芸術に対する壮大なる構想のもとに芸術村として脚光を浴びている。

運命の出会い

はるか遠い昔、智恵子の油絵「樟」を所蔵された吉井社長にお目にかかりたく、銀座の吉井画廊に何度か伺った。だが、日本一忙しい画商と称され、日本と海外を走り回っていた雲上人。一介の小娘に叶うわけもなかった。若さというものは、とんでもない行動を引き起こすものだ。

しかし、運命は予期せぬプレゼントを用意してくれるものである。甲府での従姉会のため帰省した二〇一三（平成二五）年三月十一日、久し振りに訪れた清春白樺美術館で、なんと偶然お目にかかれたのであった。

学芸員の方から「今、東京から着いたばかりです。スケジュール的にもお会いするのは難しい……」というような言葉をかけられたが、雲上人であったお方が、建物をはさんだ向かい側にいるという現実は、待ちこがれていた恋人に会えるに等しい。胸の高鳴りは止められず、気がついたらレストランのドアを開けていた。

あまりの喜びと緊張で、直立不動のまま呼吸が止まったような姿は、巨匠の目には奇異であり滑稽に映ったであろう。しかし、優しいまなざしで席を勧めてくださった。持ち合わせていた自著本の「スケッチで訪ねる『智恵子抄』の旅」を手にされると褒めてくださり、「どんどん扉を開けていきなさい」、このようなお言葉をいただいたように記憶している。

世界の巨匠を相手の画商の肩書きからは程遠い温厚なお顔に、カシミヤの赤いマフラーがよくお似合いの素敵な紳士であった。居合わせた彫刻家・藤好邦江さんとのおしゃべりの時間と食事も用意してくださり感無量であった。まだ若い藤好さんは、イタリアでローマ法王ヨハネ・パウロ二世の胸像も創られた東洋でただ一人の女性であり、現在も巨匠ミケランジェロを生んだイタリアを拠点に活躍されている。巨大な原石から力強い彫刻を生み出すとは想像できない美しすぎる人だった。

まさに〝念ずれば花開く〟

光太郎の誕生日の二日前の出会いであった。

大村智氏ノーベル医学・生理学賞受賞

本著のまとめにかかっていた時、「大村智氏ノーベル医学・生理学賞受賞、寄生虫による感染病に対する新しい治療法の発見。寄生虫病の特効薬〝イベルメクチン〟の開発で、年三億人の失明者を救う」というテロップとともに、大村氏のいつもの柔和なお顔がテレビに映し出されて、韮崎市で生まれ育ち、韮崎高校出身の私は感動で身体が震えた。

大村氏は韮崎市のご出身で、韮崎高校で学ばれ、学生時代は文武両道に通じ、スキー、は国体出場の腕前でもある。「何か一つでも人のためになることができないか、いつも考えてきた……」と控えめなコメントからは、謙虚な姿勢がうかがわれて感銘を受ける。

東京都立の定時制高校の教師を経て、研究の道を歩まれての世界的な快挙である。功績、人柄ともに後世に語り継がれる伝説的なノーベル賞受賞者ではないだろうか。

「勉強ばかりではない。すきなことをとことんやることも大事……」という氏のメッセージは若い世代への力強いエールとなっている。そして日本のすごさを世界に誇った。

大村氏の生家のある神山地区には、氏が私財で建設された大村美術館（韮崎市に寄贈）や白山温泉、そば処上小路があり、甲斐武田家発祥の地として名高く、歴史的文化財にもあふれている。

清春白樺美術館と大村美術館は理念を同じくして、ともに連携し合いながら優れた美術品を展示し、多くの人に愛され続けている。地理的にも韮崎市と隣接していて関係も深い。

見晴らしの良い大村美術館の大きな窓からは、雄大な富士山や八ヶ岳を望むことができる。清春白樺美術館と一緒に韮崎市ののどかな風景もまた、おすすめである。

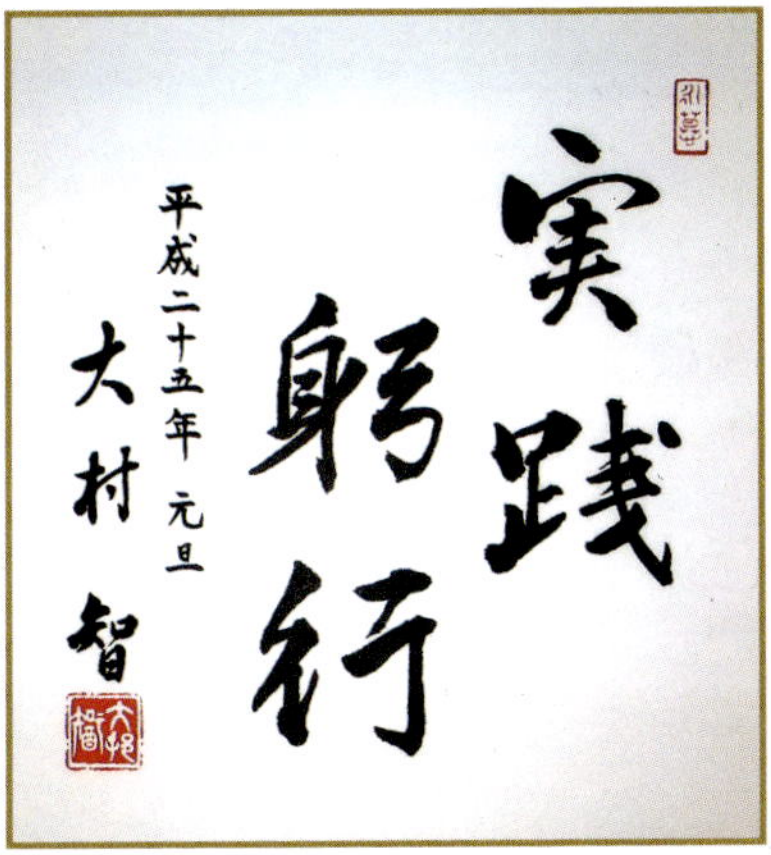

同窓会の会場に飾られた大村智氏の色紙（著者撮影）。大村氏は、毎年正月にお気に入りの言葉を色紙に揮毫し、額に入れて研究室に掲げて、スタッフにも配られているとのこと。なお、2015年は「至誠惻怛《しせいそくだつ》」であった。

韮崎高校同窓会にて。左より横内正明氏（同窓会会長・山梨県知事）、著者、大村智氏（北里大学特別栄誉教授・2015年ノーベル医学・生理学賞）。両氏の談笑に加えていただいた著者。2013年９月22日、甲府アピオにて、肩書きは当時のもの。

memo

水引

Chapter
10

絵が誘う点と線

ふきのとう

千本浜。

「樟」の誕生…静岡県

智恵子と沼津

智恵子は、沼津を頻繁に訪れている。

福島高等女学校からの親友、大熊ヤスの家が沼津の白銀町にあり、日本女子大学校三年の明治三九年には二人で富士登山もしている。当時は稀な女性登山であった。

温暖で美しい沼津は絵の材料あふれ、その後も泊まって方々を描いた。千本浜と千本松原は特に気に入っていたとのこと。

その後ヤスは一九一三（大正二）年、夫・上野直紀が朝鮮平壌高校の校長代理として転勤となって渡鮮したが、その後もしばらく訪れている。

その一つには、身内（妹）の私生児の対応があった。信頼できる親友のお母さんにいろいろお世話になることとなったのである。

絶景の千本浜と千本松原

沼津民俗資料館の資料によると、明治天皇妃昭憲皇太后は、大正二年一月～七月及び十二月とかなり長期に滞在されている。千本浜と千本松原を好んで散策され、つみ草なども楽しまれたとある。

智恵子が、そんな昭憲皇太后のお姿と出会っていたことも想像に難くない。この年の大火で皇太后は、被災した人々へ手厚いお見舞いもされている。


表示板によると、ここ千本松原公園は明治四十年十二月公立公園に先駆けて、「沼津公園」の名で誕生したと書かれている。たくさんの文学碑は、多くの文人墨客が居を構えていたことを物語っている。

豊かな漁業地でもある。

千本浜公園にある
若山牧水文学碑。

千本松原。戦国時代、合戦によって荒れ果てた千本松原に「一本植えてはなむあみだ」と唱えながら、増誉上人によって植えられたと伝えられている。

千本松原には紫陽花が似合う。

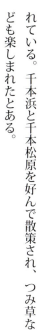

沼津垣の垣根。

沼津垣の垣根

沼津垣は、昔から沼津周辺で、海風を防ぐために用いられた垣根である。景観的にも実用的にも優れている。旧沼津御用邸でも多く用いられていた。

箱根竹という細い篠竹を十数本束ねて、網代《あじろ》編みにして

沼津港ランチ。
木の桶からこぼれるほどの新鮮なネタで、なんと990円也。びっくりする旨さと値段。

いると掲示板に書かれていたが、かなり手の込んだ立派なものである。

沼津民俗資料館でも見ることができる。鈴木館長さんによると、現在では作れる技術を持った方が少なくなってしまったとのこと。

蛇松線跡は花の散策路

蛇松《じゃまつ》線は、一八八九（明治二二）年に開通した東海道鉄道（現東海道本線）建設のため敷設された。狩野川河口から沼津停車場（現沼津市）までの貨物専用線であった。

一九七四（昭和四九）年までに九十余年の役割を終え、現在は蛇松緑道として整備されている。地元ボランティアの方々の参加型で一年中美しい花が咲き、憩いの散歩道となっていて、私は沼津を訪れると必ずこの散歩道を歩いて、千本浜や千本松原に行く。大好きな道である。

一九〇六（明治三九）年には、沼津～三島間に路面電車

が開通している。智恵子は、この路面電車に揺られ、白い蒸気を吐きながら走る蛇松線を間近に見ながら、方々スケッチを楽しんでいたであろう。

智恵子が好んで訪れた沼津の歴史に触れてみよう。

日本最古の沼津市立第一小学校

沼津市立第一小学校の歴史をたどってみると、一八六八（明治元）年十月に沼津城内に「代戯館」が開かれた。その後、徳川家の家臣による子弟の教育のための「沼津兵学校」となり、「沼津藩小学校」→「沼津小学校」、そして現在の「沼津市立第一小学校」に至る。日本で最古の歴史の小学校である。

沼津市立第一小学校には、大切に保存されているものがある。開校に際し、徳川慶喜公による揮毫の「沼津藩」と書かれた扁額である。見せていただいた齋藤匡洋校長先生が、「本校の宝物は、この揮毫と生徒たちです」と笑顔で話してくださった。

徳川慶喜といえば、江戸幕府最後の十五代将軍である。日本橋の袂に掲げられた「日本橋」の文字はあまりにも有

蛇松線跡の緑道。地元の人たちの手による心温まる道は、一年中美しい花々が迎えてくれる。

日本最古の沼津市立第一小学校。

名で馴染み深い。広がりのあるゆったりとした文字だが、沼津市立第一小学校の揮毫は、堂々とした風格を感じさせる。

「道喜塚」今昔

沼津市立第一小学校にある「道喜塚」には、樟に寄り添うように、大久保忠佐《ただすけ》のお墓が建立されている。「道喜」とは、晩年の忠佐の法号である。「東海道分間延繪圖第五巻　三島・沼津・原」には、現在の道喜塚と等しい地に大きな木が描かれている。当時から変わらない巨樹を物語っている。

大久保忠佐と「道喜塚」

「大久保忠佐についての覚書」（松村由紀）によると、忠佐は三河国の出身。大久保家は、徳川家譜代の中でも最古参の一つに挙げられ、大久保彦左衛門（忠教《ただたか》）は弟である。一六〇〇（慶長五）年の関ヶ原の戦いでは徳川秀忠に従って参戦、やがて二万石の沼津藩三枚橋初代藩主となった。この沼津城三枚橋の前身は、武田勝頼築城によるものである。

徳川幕府の基礎固めに貢献し、沼津の田地の拡大、生産の増大繁栄に尽力している。歩いていて出会う多くの用水路は、当時の名残であろう。西条町、白銀町、大手町などの地名から、城下町としての沼津が偲べる。

沼津市立第一小学校の齋藤校長先生のお話によると、同校では戦前まで、命日の九月二七日に「魂祭り」という追悼の会が行われていた。戦後は戦没者の児童、教職員も供養した。一時途絶えていたが、創立百周年の一九六八（昭和四三）年に復活。現在はＰＴＡ主催にて毎年七月に慰霊祭と納涼祭を同日に行うのが年中行事となっているとのこと。幾多の大火や戦火で多くの大切な命が失われた歴史を物語る「道喜塚」は、私にとってもかけがえのない存在となったのである。

「樟」は残った

だいぶ横道にそれたが、清春白樺美術館に展示されている智恵子の油絵「樟」に描かれた木の所在が知りたくて、私の旅は沼津へと導かれたのである。

スタートは、智恵子さんが頻繁に訪れた沼津の魅力を追体験したく、スケッチブック片手に向かったのであった。広い空と富士山、千本浜と松原、おいしい魚、花で彩られた小径……まるで迷い込んだ天園のように何もかもが魅力的で、頻繁に訪れた智恵子さんに一歩近づけたような喜びでもあった。

土地、町、歴史を知る旅から、悲願であった一本の木を辿ることになったのである。道で出会った人たちや昔から住んでいらっしゃる方を訪ね、いただいた情報も皆、線上にある。

まず、「樟」が描かれた一九一三（大正二）年にタイムスリップしてみよう。

この年の智恵子は、一月には新潟の友人宅を訪ね、スキーと絵を楽しむ。

九月には上高地にいる光太郎を訪ねて、清水屋に共に一ヶ月滞在、絵を描く。そして二人はここで婚約し、「山の上の恋」と報じられる。

さらに、前出「智恵子と沼津」で触れているように身内

智恵子画「樟」。

の対応等もあり、智恵子の人生の中核といえる内容の年でもあった。

「樟」との宿命的出会い

旅のバイブルは、佐々木隆嘉による『ふるさとの智恵子』であったが、その後、北川太一氏により、上野ヤスさんからの高村光太郎宛書簡を見せていただく幸運に恵まれた。昭和二七年十月十六日付のヤスさんからの文面は、流れるような筆文字で、「樟」が描かれた状況、場所の特定に及んでいる。〝まさに神が現われた〟のである。

それによると、智恵子の思い出とともに、「……宅の庭前から小学校の大木をお書きになりましたものを敗戦後の二十一年五月、日本に帰国して母からもらった……」

そして「道喜塚」にたどり着いたのであった。

沼津は、一九一三（大正二）年三月三日午後三時に大火に見舞われ、町のほとんどを全焼している。

ヤスさんのお母さんは白銀町にいらしたが、この文面からすると、ヤスさんは結婚して渡鮮するまでは、隣の西条町に住んでいたと思われる。当時の焼失地図によると、小学校の南東周辺は大火の被害に遭っているが、学校側北西に位置する白銀町と西条町は残されているところもあった。大火時の南西の風によって、道喜塚を含め、沼津市立小学校と道喜塚前にあった駿東病院と隣の民家近辺も幸い免れていることが判明した。

この当時、沼津には現在の沼津市立第一小学校一校であった。これらを総合すると、大火から免れた沼津市立第一小学校前の西条町の上野家の庭から目の前にある道喜塚の樟を描いたと考えられる。

絵の下方にかすかに石塀らしきものが描かれている。沼津民俗資料館の鈴木館長によると、当時、建築の土台や塀には伊豆石が使われていたので、伊豆石の塀だと考えられるとのこと。

また、絵の下方に可憐な花をつけた梅の木枝がかすかに残されている。白い花びらに、わずかに紅色が見える。さらに鈴木館長より、沼津での梅の開花は三月中旬から四月と伺った。

とすると、この絵が描かれたのは沼津の大火後の、梅の開花時期と考えられる。東京からお見舞いに駆けつけた智恵子は、友人の家から目の前の道喜塚の歴史を聞いていたのであろう。惨状の中で焼け残った生命力の強さと、気高く咲く梅の花に人生を重ね、一気に描き上げたのではないだろうか。力強い筆勢と構図から、様々な智恵子の熱き心の内が想像され、胸熱くなる。

描かれたであろう場所に座してみると、絵の巨木に到達した達成感と、感動に包まれて涙があふれた。

今は隣家の畑になっていて、ナスとトマトが花をつけていた。

智恵子のふるさとは、二本松城の麓である。かつてここ沼津市も城下町であった。

幾多の大火や戦火を免れて悠久の年月を生き続けてきた巨木である。

智恵子はこの絵を描き上げ、やがて光太郎とともに生きてゆく道へと歩んでいくのであった。

私が長いことこだわり続けてきたこの一枚の絵は、実は智恵子の人生の本流を流れる心血注いだ絵であり、限りない人生の夢を託したドラマを読み取ることができる。

ここでもまさに〝念ずれば花開く〟。沼津への取材の旅、六回目での快挙であった。

智恵子の絵のモデルとなった「道喜塚」の樟。

Chapter 11

新作能「智恵子抄」

赤坂日枝神社…東京

山王、日枝神社薪能『智恵子抄』を鑑賞

♪赤坂の夜は更けゆく――と歌にもあるが、赤坂通りの街並みには、いろんな顔がある。

昼に歩いた同じ人が、夕方に同じ道を歩くと、街の顔が一変していておどろく。昼と夜の雰囲気には趣がある。政界、財界、文化人等の夜の街でもあるが、赤坂御用地もある格式の高い街でもある。

私にとっての赤坂は、羊かんで有名な「とらや」本店、サントリー美術館（現在は六本木に移転している）があり、また大好きな作家・向田邦子さんのお店「ままや」（妹の和子さんが経営していて平成十年の春に閉店した）等があり、庶民の私にも馴染みのある街でもある。

外堀通りをはさんで向い側（東側）が永田町である。道路に面した小高い丘には日枝神社が鎮座している。

平成九年七月の夜、ここ東京・赤坂の日枝神社境内に於いて「第三回楽劇祭・日枝あかさか」が荘厳に執り行なわれた。

薪能には珍らしくしかも新作能として奇しくも『智恵子抄』が上演された。私にとっては願ってもない喜びであり、偶々、上京中であった京都在住の友人で、作家の藤原牧子さんと一緒に鑑賞することができた。

智恵子抄は、映画や舞台、音楽などでも鑑賞しているが、能作品としての上演は初めてのことであり、大きな期待をもって当日を迎えた。

その案内書には、

「……高村光太郎の名高い同名詩集を基にした『智恵子抄』をお送りいたします。篝火の中に浮かび上る光太郎と妻・智恵子の二つの影――。原作の詩の言葉を残しつつ、能のもつ幽玄性が、見事に凝縮さ

れた傑作です。」

とある。

冒頭に「火入れの儀」があり、闇夜を赤く染める篝火が幽玄の世界を見事に演出した。雰囲気が高まり地謡のなか、光太郎と智恵子の影が能舞台に浮かびあがった瞬間、あまりの緊張と臨場感に思わず牧子さんと手をにぎりあっていたことが思い出される。

当日のプログラムから「出演者と詞章の内容」は次の通りである。

◉公演日

平成九年七月二十四日（木）

時　午後六時三十分開演

所　赤坂日枝神社境内

◉新作能　智恵子抄

作　高村　光太郎

演出　梅若　靖記

演出補　野村　万之丞

節附型附　観世　寿夫

作調　大倉　源次郎

◉出演

智恵子　梅若　晋也

光太郎　梅若　猶彦

後見　山崎　正直

梅若　六郎

大鼓　安福　光雄

小鼓　大倉　源次郎

笛　藤田　次郎

地謡　馬野　正基

柴田　稔

小野里　修

岡田　麗史

観世　暁夫

西村　高夫

新作能　智恵子抄詞章

＊僕　等

光太郎　僕はあなたをおもふたびに　一ばんぢかに永遠を感じる　僕があり　あなたがある　自分はこれに尽きてゐる
僕のいのちと　あなたのいのちとが　よれ合ひ　もつれ合ひ　とけ合ひ　混沌としたはじめにかへる
地　謡　すべての差別見は僕等の間に価値を失ふ　僕等にとつては凡てが絶対だ　そこには世にいふ男女の戦がない　信仰と敬虔と恋愛と自由とがある　そして大変な力と権威とがある
光太郎　人間の一端と他端との融合だ
地　謡　僕は丁度自然を信じ切る心安さで
光太郎　僕等のいのちを信じてゐる
地　謡　あなたは僕をたのみ
あなたは僕をたのみ
あなたは僕に生きる

＊樹下の二人

あれが阿多多羅山、あの光るのが阿武隈川。
光太郎　かうやつて言葉すくなに坐つてゐると、
地　謡　うつとりねむるやうな頭の中に、ただ遠い世の松風ばかりが薄みどりに吹き渡ります。
光太郎　この大きな冬のはじめの野山の中に、
地　謡　あなたと二人静かに燃えて手を組んでゐるよろこびを、下を見てゐるあの白い雲にかくすのは止しませう。
あなたは不思議な仙丹を魂の壺にくゆらせて、
ああ、何といふ幽妙な愛の海ぞこに人を誘ふことか、ふたり一緒に歩いた十年の季節の展望は、ただあなたの中に女人の無限を見せるばかり。無限の境に烟るものこそ、こんなにも情意に悩む私を清めてくれ、こんなにも苦渋を身に負ふ私に爽かな若さの泉を注いでくれる、むしろ魔もののやうに捉へがたい妙に変幻するものですね。

光太郎　あれが阿多多羅山、
あの光るのが阿武隈川。
ここはあなたの生れたふるさと、あの小さな白壁の点点があなたのうちの酒庫。それでは足をのびのびと投げ出して、このがらんと晴れ渡つた北国の木の香に満ちた空気を吸はう。
あなたそのもののやうなこのひいやりと快い、すんなりと弾力ある雰囲気に肌を洗はう。
私は又あした遠く去る、あの無頼の都、混沌たる愛憎の渦の中へ、私の恐れる、しかも執着深いあの人間喜劇のただ中へ。ここはあなたの生れたふるさと、この不思議な別箇の肉身を生んだ天地。
まだ松風が吹いてゐます、
もう一度この冬のはじめの物寂しいパノラマの地理を教へて下さい。

智恵子　あれが阿多多羅山、
あの光るのが阿武隈川。

✿ あどけない話

智恵子　智恵子は東京に空が無いといふ、
ほんとの空が見たいといふ。

光太郎　私は驚いて空を見る。櫻若葉の間に在るのは、
切つても切れないむかしなじみのきれいな空だ。

地　謡　どんよりけむる地平のぼかしは　うすもも色

の朝のしめりだ。智恵子は遠くを見ながら言
ふ

智恵子　阿多多羅山の山の上に　毎日出てゐる青い空
が、智恵子のほんとの空だ

地　謡　といふ。あどけない空の話である。

✲人生遠視

地　謡　足もとから鳥がたつ　自分の妻が狂気する
自分の着物がぼろになる　照尺距離三千メー
トル　ああこの鉄砲は長すぎる

✲風に乗る智恵子

智恵子　狂つた智恵子は口をきかない　ただ尾長や千
鳥と相図する

地　謡　防風林の丘つづき　いちめんの松の花粉は黄
いろく流れ　五月晴の風に九十九里の浜はけ
むる

光太郎　智恵子の浴衣が松にかくれ

智恵子　又あらはれ

光太郎　白い砂には

智恵子　松露がある

地　謡　わたしは松露をひろひながら　ゆつくり智恵
子のあとをおふ　尾長や千鳥が智恵子の友だ
ち　もう人間であることをやめた智恵子に
恐ろしくきれいな朝の天空は絶好の遊歩場

智恵子　智恵子飛ぶ

✲千鳥と遊ぶ智恵子

智恵子　人つ子ひとり居ない九十九里の砂浜の　砂に
すわつて智恵子は遊ぶ。

地　謡　無数の友だちが智恵子の名をよぶ。

智恵子　ちい、ちい、ちい、ちい、ちい――

地　謡　砂に小さな趾《あし》あとをつけて　千鳥が智恵子に寄つて来る

智恵子　口の中でいつでも何か言つてる智恵子が両手をあげてよびかへす。

地　謡　ちい、ちい、ちい――両手の貝を千鳥がねだる。智恵子はそれをぱらぱら投げる。群れ立つ千鳥が智恵子をよぶちい、ちい、ちい、ちい、ちい――人間商売さらりとやめて、もう天然の向うへ行つてしまつた智恵子のうしろ姿がぽつんと見える。

光太郎　二丁も離れた防風林の夕日の中で

地　謡　松の花粉をあびながら私はいつまでも立ち尽す。

山麓の二人

光太郎　わたくしは黙つて妻の姿に見入る。

地　謡　意識の境から最後にふり返つて　わたくしに縋る　この妻をとりもどすすべが今は世に無い　わたくしの心はこの時二つに裂けて脱落し　闃《げき》として二人をつつむこの天地と一つになつた

レモン哀歌

地　謡　そんなにもあなたはレモンを待つてゐた　かなしく白くあかるい死の床で　わたしの手からとつた一つのレモンを　あなたのきれいな歯ががりりと噛んだ　トパアズいろの香気が立つ　その数滴の天のものなるレモンの汁はぱつとあなたの意識を正常にした

光太郎　あなたの青く澄んだ眼が

地　謡　かすかに笑ふ　わたしの手を握るあなたの力の健康さよ　あなたの咽喉に嵐はあるが　か

ういふ命の瀬戸ぎはに

智恵子　智恵子はもとの智恵子となり

光太郎　生涯の愛を

地　謡　一瞬にかたむけた　それからひと時　昔山巓でしたやうな深呼吸を一つして　あなたの機関はそれなり止まつた

✻荒涼たる帰宅

地　謡　あんなに帰りたがつてゐた自分の内へ　智恵子は死んでかへつて来た。十月の深夜のがらんどうなアトリエの　小さな隅の埃を払つてきれいに浄め、私は智恵子をそつと置く。この一個の動かない人体の前に　私はいつまでも立ちつくす。人は屏風をさかさにする。人は燭をともし香をたく。人は智恵子に化粧する。さうして事がひとりでに運ぶ。

夜が明けたり日がくれたりして　そこら中がにぎやかになり、家の中は花にうづまり、何処かの葬式のやうになり、いつのまにか智恵子が居なくなる。私は誰も居ない暗いアトリエにただ立つてゐる。外は名月といふ月夜らしい。

地　謡　光太郎智恵子はたぐひなき夢をきづきてむかし此所に住みにき。

光太郎　智恵子はたぐひなき夢をきづきてむかし此所に住みにき。

終演

※「出演者と詞章の内容」については、（有）楽劇コースケ事務所の御了解をいただき、「第三回楽劇祭」―日枝あかさか―パンフレットより転載しました。

尚、蛇足ながら終演後は、興奮さめやらぬ余情のままに、一緒に観賞した仲間たちと赤坂の田舎料理屋で北海道産の豪快な魚料理と地酒で乾杯した。

Chapter
12

智恵子さんへの手紙

安達太良連峰と山桜

拝　啓

高村智恵子さま

三年ぶりにお手紙を書かせていただきます。

あいかわらず智恵子さんの生涯を辿る旅は続いています。数えきれない出会いや別れ、新しい発見に心躍り、生きているよろこびを感じ、満ちたりた日々を送っています。

そんな折、出版社より前著の増補改訂版の刊行という嬉しい報せをいただきました。

思ってもみなかったことであり、天にも昇る心地でした。

この三年間の日本は、色々なことに遭遇しました。

東日本大震災から早くも四年を超える歳月が過ぎました。

復興の兆しのあるなか、いまだに不自由な仮設住宅での生活を余儀なくされている方々もたくさんいらっしゃいます。それはいかに震災の傷跡が深かったかを物語っています。

すべてを失っても希望を捨てず、再起を夢見て懸命に生きようと努めている人たちもたくさんいます。そんななか、復興を成し遂げ、世界に輝いた快挙もありました。

ロンドンで開催された世界最大級のワイン品評会（ＩＷＣ）において、福島県喜多方市の「会津ほまれ播州産山田錦仕込　純米大吟醸酒」が、日本酒部門で最優秀賞に輝いたことです。

れんげそう

大震災と原発という惨禍のなか、過酷な境遇におかれつつも、決してあきらめずに勇気をもって困難に立ち向かい、克服して世界一の栄冠を勝ち取ったのです。何と素晴らしいことでしょう。

酸味と甘みのバランスが絶妙だそうです。

造酒屋を生業《なりわい》としていた智恵子さんのご両親も天上で、たいそう喜ばれていることでしょう。快挙は続きます。覚えていらっしゃいますか。

当時女性の登山は珍しかった時代、一九〇六（明治三九）年現在の静岡県沼津市内の白銀町にいらした友人の大熊ヤス（結婚後上野姓）さんと富士山に登られましたね。

さて、その富士山が二年前の二〇一三（平成二五）年、世界文化遺産に登録されました。日本はもとより海外からも多くの登山客が訪れたいへん賑わっています。

明るいニュースは続きます。

世界のスポーツの祭典〝オリンピック・パラリンピック〟が、二〇二〇（平成三二）年、日本の首都・東京で開催されます。

一九六四（昭和三九）年に次ぐ二回目の開催となります。

その祭典に向かって、大切にしてきたものを受け継ぎながら、新しいものをつくり出していく街〝魅力ある東京〟を世界に向けて発信し、さらに、その先に広がる未来を見据えて、世界中の人々に、もっと愛される都市へと発展していくことでしょう。

五年後の東京は、まさに国際色に溢れた賑わいを見せていることでしょう。

私にとって素晴らしい出会いもたくさんありました。

洋画家を志していらした智恵子さんは、油絵を描かれ、精魂を傾けた素晴らしい作品をたくさん残されていますが、アトリエとともに焼失してしまわれたことはたいへん残念でなりません。辛うじて戦災から免《まぬが》れ現存する油絵三枚（ヒヤシンス、静物、樟《くすのき》）の内、唯一風景画「樟」が、処々転々とした後、現在山梨県の清春白樺美術館（山梨県北杜市）に所蔵され、智恵子さんが師と仰がれた巨匠セザンヌや、ゴッホ、ロダン、ルオーなど世界最高峰の芸術家の作品とともに展示されています。私のふるさとでございます。ここでは画家智恵子さんの存在がいかんなく発揮され、威光をはなっております。

武者小路実篤、志賀直哉を中心とする「白樺派」の同人が叶えることができなかった夢を、日本一の画商と称せられる吉井長三が私財を投じて完成させた美術館であります。

遠くには霊峰富士を仰ぎ、近くは八ヶ岳、駒ヶ岳などが望める高台の絶景地です。

バーナードリーチ、岸田劉生、梅原龍三郎、高村光太郎、中川一政、木村荘八など、そうそうたる芸術家の作品も収蔵、展示されています。

高村夫妻の作品も常設展示されていて、私にとって心がなごみ、癒《いや》されるコーナーでもあります。話はそれますが、武者小路実篤は光太郎さん葬儀の際には、葬儀委員長でもありました。

智恵子さんを訪ねる旅はこのように不思議な人間模様が絡み合い、たいへん魅了されます。多くの人が互いに関係し、支えあいながら、人はそれぞれの人生を切り開き、がまんづよく生きている光景に出会うたびに、感銘まことに深いものがあります。

思い出の土地、そこに咲く花も草木も、吹く風も、旅する人の心を洗い、優しく包みこむように静かに語りかけてくれます。それは偶然性の不思議さとでもいうのでしょうか。

心温かき人々の言葉に耳を傾けながら、すべての人の幸せを願わずにはいられない感情がおのずと湧いてくるのでした。

さて話を戻しましょう。開館間もない清春白樺美術館で出会ったこの「樟」のモデルとなった巨木に出会うことが出来ればとの思いは絶ちがたく、「たずね人」ならぬ「訪ね木」探しに静岡県沼津市への旅がはじまりました。

東海道線の車窓から望むゆったりと連なる山並み、気高く聳える富士山の雄姿は、さながら遠い昔、智恵子さんも眺めたであろう風景と重なり、懐かしい想いに駆られ、感無量でした。

もつれた一本の糸がほどけ、その先に現れた巨木に出会えた時は、長い間思い焦がれてきた願いが叶った感激に咽《むせ》び、自然と涙があふれ抑えることができませんでした。

うれしさが私の身体をかけめぐり、言葉にならないものが胸にこみあげてきたのです。

まさに〝念ずれば　花開き……〟〝意志あれば　道ありき……〟です。

その達成感で心はすがすがしく晴れやかでした。

私は思う。きっと〝運命の神様〟が、背中を押して助けてくださったのだと――。

智恵子さんからヤスさんのお母様にさし上げたこの一枚の「絵」は、戦火を免れ、長い間、上野さんのご家族によって保存され、いまは清春白樺美術館に所蔵されています。

浜風に吹かれて、沼津・千本松原でスケッチをしていると、智恵子さんの足音が聴こえてきそうな錯覚におそわれるのでした。

智恵子さんが好きだった沼津を私も大好きになりました。

次は世界的な快挙です。

二〇一四（平成二六）年、三人の物理学者（中村修二・赤崎勇・天野浩二）がノーベル物理学賞を受賞したことです。

〝青色発光ダイオード〟という従来の観念を覆《くつがえ》し、暮らしに変革をもたらす「光の新世界」を切りひらいた究極の照明といえるものです。

世界の科学者がその開発競争を繰り広げてきましたが、成功につなげることができなかった青色発光ダイオード（ＬＥＤ）の輝きを手にすることができたのです。

鮮《あざ》やかで、輝くような素敵な青さです。感動させずにはおかない青といってよいでしょう。

この報せをテレビで知ったときの喜びや一入《ひとしお》でした。

それは二年前の秋、台風一過の翌日、東京から駆けつけてくれた友人たちに助けられながら登った安達太良山の頂から見上げた空の青さに重なったからでした。

生前、心の葛藤に悩み、精神の病に疲れ果てた智恵子さんが求め続けた青い空とは、智恵子さんにしか見えない青色であり、ノーベル物理学者によってもたらされたＬＥＤの青さこそが、まさしく心に描いた青ではなかったのか……などと、想像は限りなく広がるのでした。

やっとの思いで辿りついた安達太良山の山頂付近には、絵具で染められたような赤、青、黄の火山岩の小粒なかけらが、太陽の光にまばゆく輝き、あたかも宝石を散りばめたような神秘的な光景がいまも瞼にやきついて離れません。

ここで再び、二〇一五年ノーベル賞受賞といううれしいニュースが飛び込んできました。

青色発光ダイオード（LED）の発明に続く二年連続のノーベル賞受賞者の誕生です。

この輝かしい光景を誰が想像したでしょうか。

それは、大村智《さとし》氏がノーベル医学・生理学賞、梶田隆章氏がノーベル物理学賞を、それぞれ受賞されたことです。相次ぐ日本人の受賞に列島はおおいに沸きました。

大村氏の受賞理由は「寄生虫病に対する新しい治療法の発見」です。

土の中から微生物を採取するという地道な取り組みから成功を導き出されました。

寄生虫病の特効薬「イベルメクチン」という薬を開発され、毎年三億人以上を感染症から守り、救うことができています。

梶田氏は「ニュートリノが質量をもつことを示すニュートリノ振動の発見」です。

大気中から飛来した「ニュートリノ」の様子を詳しく観察することに成功しました。

今までの素粒子物理学の定説を覆したことになります。

まさに世紀の大発見といえるものです。

今回の受賞で日本人のノーベル賞受賞者は二四人(アメリカ国籍を取得した人も含む)となります。

日本人としてたいへん誇りに思い、喜ばしく、世界中の人々から益々注目されることになるでしょう。

大村氏は、山梨県韮崎市ご出身で、山梨県立韮崎高校を卒業されています。

誇らしいことに、私もまた同じ韮崎市に生まれ、偉大なる大先輩と同じ高校で学び、懐かしい想い出がたくさんあります。同窓の一人として、まことに誉れ高く、沸きあふれる感動に心が弾んでいます。

手紙の後半に入ります。

その前に、お好きだった煎茶で一息ついてから展覧会の話題におつき合い下さい。

お二人の作品が展示される会場は、いずこも大盛況です。

二〇一三（平成二五）年、千葉市立美術館での「生誕一三〇年彫刻家・高村光太郎展」は、お二人の愛の結晶〝美と芸術〟の世界に浸ることができる清々しいなかにもおごそかな雰囲気につつまれ、時代を超えて私たちに迫る力を宿し、気品ある躍動的な魅力に満ちあふれた展覧会でした。

光太郎さんの小作品のセミ、ザクロ、そして文鳥に添えられていた智恵子さんお手製のシルクの小袋やふくさは、いずれも色調高く、モダンで丁寧な一針一針は、光太郎さんへの愛にあふれていて、観る人の心を魅了するものでした。

智恵子さんの「紙絵」の前には、お母さんに手を引かれた幼児《おさなご》から、まだあどけない女子中学生、肩を寄せ合う若いカップル、杖を片手の老紳士など、実に幅広い年齢層の方が一様にゆっくりと和やかに鑑賞する姿は、まるでお二人の作品と対話しているような光景でした。しばらく、人々はその場を去りがたく余韻を味わうかのように佇んでいました。

私もまたその一人でありました。

智恵子さんが光太郎さんのために制作された作品は、著名な写真家高村規《ただし》氏の〝技〟と〝術〟

により本物と見分けがつかないほど、見る人の心に感動を与えずにはおかない画集として出版されました。多くの人にその素晴らしさを広め、知らしめた功績は後世に残ることでしょう。規氏は光太郎さんの甥でいらっしゃいます。私も大変お世話になりました。

幾多の偉業を遺され、昨夏、お二人のもとに旅立たれました。きっとあふれる話題で日々をお過ごしになられていることでしょう。

人生には思いがけない転機が訪れるものですね。畏れ多くも智恵子さんの生涯を辿る自作の紙芝居を智恵子さんの母校二本松市立油井小学校と地元「智恵子のまち夢くらぶ」主催、〝智恵子純愛通り記念碑第六回建立祭〟において披露させていただきました。

初めて挑戦する紙芝居を制作するにあたり、ご指導いただいた油井小学校の伊藤雅祐校長先生と、「智恵子のまち夢くらぶ」代表の熊谷健一氏は、ともに油井小学校を卒業され、それぞれのお立場で、先輩智恵子さんの顕彰活動に熱心に取り組んでいらっしやいます。

智恵子さん、そういえば、思い出しました。

『智恵子抄』が今年NHKのテレビに取り上げられ、全国放映されました。

「歴史秘話ヒストリア」「ふたりの時よ永遠に愛の詩集『智恵子抄』」(平成二七年二月十一日)です。

光太郎さんに「紙絵」を見せて喜んでもらいたい智恵子さんのあまりにも切なく愛おしい気持ちと、けなげでいじらしい姿は、人の魂に響き、切ない詩情が漂って、涙なくして語れない深い感動を誘うものでありました。智恵子さんの若かりし頃のみずみずしく、飾りのないきよらかな乙女の日々への回帰といってもよいのでしょうか。
その心情をおきかせいただければと願っています。

終わりに、光太郎さんが魂を込めて制作された彫刻十和田湖畔の『乙女の像』は、故洋画家中西利雄氏のアトリエ（東京都中野区桃園町、現中野町）において完成されました。今春、そのお宅に伺う機会がありました。瀟洒《しょうしゃ》な洋館は築七〇年を超え傷みが進んではいましたが、室内はほぼ当時のまま残されていて、智恵子さんお気に入りのお手製の格子模様の半纏《はんてん》姿の光太郎さんの写真が笑顔で迎えて下さいました。

ニッコリと微笑みかけているようで、自然と頬がゆるみ、訪問を喜んで下さっているように思えました。このアトリエで病と闘いながら、制作に心血を注ぎ、世間を驚嘆させるはやさで、２メートルを超す圧倒的大きさの『乙女の像』を完成させたのです。

智恵子さんの命日には、必ずお二人分の食膳を用意されていたそうです。

十和田湖での除幕式の写真には、元気なお姿の光太郎さんが写っています。

その二年半後の一九五六（昭和三一）年四月二日、このアトリエから智恵子さんのもとへ旅立たれました。

〝人はいかに生きるべきか〟という人間のもっとも根源的なもの、その有り様《よう》を「生」「愛」「死」で身をもって示して下さったお二人の深い愛の結びつきに胸を打たれた訪問でありました。

東京には珍しい雪の朝でありました。

智恵子さんの生きざまは、今の世情にあって、ますます輝きを増しています。お二人の愛に満ちあふれた素晴らしい生涯は、これからも未来永劫語りつがれていくことでしょう。

敬具

平成二十七年十月五日

坂本　富江

タンポポ

●年譜

年次	年齢	智恵子自身のことがら	関係する主なことがら
【少女時代〜ふるさと】 明治十九年（一八八六）	○歳	五月二十日 父今朝吉、母センの長女として福島県安達郡油井村に誕生	光太郎、一八八三（明治十六）年三月十三日、木彫家・高村光雲の長男として東京下谷に誕生
明治二十二年（一八八九）			油井小学校新築成る 明治美術会（現在の太平洋美術会）が設立
明治二十四年（一八九一）			明治美術会に附属明治美術学校（現在の太平洋美術会研究所）を開設
明治二十六年（一八九三）	7歳	四月油井小学校に入学	
明治三十四年（一九〇一）	15歳	三月油井小学校高等科を卒業 四月福島県立高等女学校三年に編入学　寄宿生活をする	妹セツ誕生 明治美術会を太平洋画会と改称
【大学時代】 明治三十六年（一九〇三）	17歳	三月福島県立高等女学校卒業 四月日本女子大学校普通予科に入学 自敬寮に入寮	
明治三十七年（一九〇四）	18歳	日本女子大学校家政学部に入学	
明治三十八年（一九〇五）	19歳	日本女子大学校選科生となる 倫理・心理・哲学史・教育・歴史・美術史を学ぶ 松井昇教授より洋画の指導を受ける	

年	年齢	事項	関連事項
明治三十九年（一九〇六）	20歳	日本女子大学校秋の文芸会の舞台背景画と記念誌の装画を描く 上野ヤスと富士登山をする 『三つの泉』装飾画を描く	
【洋画家〜新しい女性】 明治四十年（一九〇七）	21歳	日本女子大学校家政学部卒業 本郷弥生町櫻井塾で自炊生活をする 母校の西洋画教室で桜井昇の助手をしながら太平洋画会研究所にて洋画を学ぶ 肋膜炎を患う	
明治四十一年（一九〇八）	22歳	小石川区小日向台町一丁目楓寮に移る	
明治四十二年（一九〇九）	23歳	駒込の日本画家夏目利政宅に転居 『家庭週報』にカット画を描く	
明治四十三年（一九一〇）	24歳	斎藤与里・熊谷守一・津田清楓・中村彝・田村俊子らと交流 橋本ハナと野村良一（胡堂）の結婚式の介添えを金田一京助とする	光太郎「パンの会」に参加
明治四十四年（一九一一）	25歳	「青鞜」創刊号の表紙絵を画く 十二月、妹セキと雑司ケ谷七一九番地に下宿 十二月柳八重の紹介で東京千駄木の光太郎を訪ねる	平塚らいてうが「青鞜社」を結成 祖父次助没（六十八歳）

明治四十五年（一九一二）	26歳	『劇と詩』扉絵を描く 一月品川大森「富士川」青鞜社新年会に出席 四月早稲田文学社主催の装飾美術展覧会に油絵を出品 四月二十一日第十回太平洋画展に「雪の日」と「紙ひなと団扇絵」の二点出品 「青鞜」の表紙絵に鈴蘭を描く 六月五日付読売新聞に「新しい女、最も新しい女性画家」に掲載される。 セキと共に雑司ヶ谷七一一番地へ転居 八月に犬吠埼に写生に訪れ、滞在中の光太郎と会う。 妹セキと友人の藤井ユウと同行。 散文「マグダについて」を発表。光太郎は「N女史に」「郊外の人に」で智恵子に向かって発表。	六月、千駄木林町二十五番地に光太郎のアトリエ完成 智恵子グロキシニアの鉢植えをお祝いに贈る
大正二年（一九一三）	27歳	一月、新潟旗野スミの実家を訪ね、スキーと写生を楽しむ。 九月、上高地に光太郎を訪ねて清水屋に一ヶ月滞在。「山上の恋」として評判になる。写生を光太郎とともに描く。この地で婚約する。 沼津にて油絵「樟」を描き、友人上野ヤスの母に贈る。	
【光太郎との生活】 大正三年（一九一四）	28歳	九月日本女子大学校桜楓会の機関誌「家庭報」に詩「無題録」三編を発表 十二月上野精養軒にて結婚披露宴を行う 本郷駒込林町のアトリエで光太郎と生活を始める	四月妹ミツの長女春子誕生 十月光太郎第一詩集『道程』を自費出版
大正四年（一九一五）	29歳	油絵に精進する 湿性肋膜炎で京橋の病院に入院する	妹セキ渡米する

大正五年（一九一六）	30歳	八月旗野スミの実家新潟に滞在 十月郷里の「熊野大神」の碑文字を揮毫 五色温泉に滞在	八月光太郎「智恵子の首」を制作
大正六年（一九一七）	31歳	八月福島県相馬郡原釜の金波館にて静養 カナダ行きの田村俊子を光太郎とともに横浜港で見送る	妹ヨシ結婚
大正七年（一九一八）	32歳	病気療養をかねて半年ちかく郷里ですごす 私の読書（アンケート）にカラマーゾフの兄弟の感想を発表 散文「私の最も幸福を感じた時」発表	五月父今朝吉没享年五十六歳 長男啓助家督相続する
大正八年（一九一九）	33歳	三月順天堂病院にて子宮後屈症の手術を行う 七月湿性肋膜炎にて入院翌年三月まで郷里ですごす	三月日本女子大学長成瀬仁蔵没享年六十歳 十一月妹千代没享年十六歳
大正九年（一九二〇）	34歳	四月父今朝吉三回忌に帰省 五月光太郎と穴原温泉に滞在	
大正十年（一九二一）	35歳		三月祖母ノシ没（享年七十九歳）
大正十一年（一九二二）	36歳	流行性感冒と盲腸炎を患い郷里で静養 九月「女性の日本人」のアンケートに答える 「哀憐なる美しさを見ます」「芸術好きの婦人と読書好きの婦人」を発表	六月妹ミツ（宮崎春子の母）没享年三十歳親族の不幸相次ぐ

年	年齢	事項	関連事項
大正十二年（一九二三）	37歳	「女性」のアンケートに「生き甲斐ある悩みを悩め」「棄権」を発表 九月関東大震災時、郷里に滞在 郷里の浜尾マツより機織りを習う 散文「生き甲斐のある悩みを悩め」を発表 散文「病間雑記」を発表	春子長沼家に養女として入籍 九月一日関東に大震災
大正十三年（一九二四）	38歳	実家の醸造酒「花霞」の販売を始めるが失敗する	
大正十四年（一九二五）	39歳	八月光太郎と房洲の洲崎海岸に旅行	光太郎の母わか没享年六十七歳
大正十五年（一九二六）	40歳	八月磐梯山山麓に写生 九月アトリエの二階を智恵子の画室に改造 「婦人の友」に「画室の冬」を発表 散文「新時代の女性に望む資格いろいろ」を発表	五月「青鞜」廃刊、長谷川時雨によって「女人芸術」を発刊
昭和二年（一九二七）	41歳	生活は窮乏を極めたが、この年体調安定。健康的な数年を過ごす。	五月妹ヨシ没（享年二十二歳）
昭和三年（一九二八）	42歳	四月高村光雲の喜寿祝賀会が東京会館にて催され出席する 妹セツの結婚式出席のため帰郷する	母セン・光太郎と箱根に旅行
昭和四年（一九二九）	43歳	草木染めと機織りに熱中する 長沼家破産して一家離散 智恵子の健康は再び悪化していく	

昭和五年（一九三〇）	44歳	六月から体調すぐれず寝たきりの生活が九月まで続く 青鞜同人「想い出の会」が中村屋にて開催され出席した	
昭和六年（一九三一）	45歳	三月頃庭の手入れなど始めるが、光太郎不在中の八月頃から精神分裂症の兆候が出始める	六月母センと妹セツ、姪の春子が上京して中野に住む 光太郎時事新報社の委嘱で一ヶ月間三陸方面に取材のため出張する
昭和七年（一九三二）	46歳	七月十五日アダリン自殺未遂。八月九日まで九段坂病院に入院 八月九日退院	母センと修二が世田谷区太子堂に転居
昭和八年（一九三三）	47歳	五月光太郎と草津温泉に保養 八月二十二日高村家に入籍 東北方面の温泉地及び地元不動湯温泉など療養の旅をするも病状は好転せず	光太郎日本女子大学長成瀬仁蔵の胸像を完成させる
昭和九年（一九三四）	48歳	三月に病状やや回復し機織りを再開するも五月に再び病状悪化する 五月七日千葉県九十九里浜眞亀の妹斉藤セツ夫妻宅（田村別荘）にて療養をする 光太郎は毎週見舞いに通うも病状悪化のため十二月には千駄木のアトリエ自宅に戻った。	十月十日光雲没（享年八十二歳）

昭和十年（一九三五）	49歳	二月南品川・ゼームス坂病院に入院	十月弟啓助没享年三十八歳 光太郎「人生遠視」「風にのる智恵子」の詩を発表
昭和十一年（一九三六）	50歳	結核併発によりやつれが目立ちはじめ夏期に症状が悪化 病室で「紙絵」の制作を始める	光太郎疲労から喀血する
昭和十二年（一九三七）	51歳	一月から姪の春子が付添い看護する 小康状態の時には紙絵を制作し、時には院外を散歩することもあった	光太郎「千鳥と遊ぶ智恵子」「値ひがたき智恵子」「山麓の二人」「或る日の記」など発表
昭和十三年（一九三八）	52歳	体温三十七度台の時には紙絵を制作したが夏頃から時々三十八度以上の高熱が出るようになった 十月五日光太郎に看取られて五十二歳の生涯を終える 病名は粟粒性肺結核 遺作となった紙絵の作品は千数百点余 十月八日千駄木のアトリエで告別式 駒込染井霊園の高村家の墓に埋葬される 法号　遍照院念誉智光大姉 合掌	
【智恵子没後】			
昭和十四年（一九三九）			光太郎 詩「レモン哀歌」「亡き人に」「梅酒」「荒涼たる帰宅」散文「九十九里の初夏」「智恵子の半生」を発表
昭和十六年（一九四一）			『智恵子抄』刊行

昭和二十年（一九四五）			四月十三日の戦火によりアトリエを全焼し所蔵作品も焼失。智恵子の紙絵は三ヶ所に分けて疎開させたため焼失を免れる。 五月岩手県花巻の宮澤清六方に疎開 十月岩手県太田村山口に移り自炊の生活を始める。以後七年間の農耕自炊生活を送る。
昭和二十四年（一九四九）			智恵子の母セン没（享年八十一歳）
昭和二十五年（一九五〇）			光太郎『智恵子抄その後』を刊行
昭和二十六年（一九五一）			六月銀座資生堂画廊にて東京で初めての「智恵子紙絵展覧会」が開催された
昭和二十七年（一九五二）			十月光太郎花巻より帰京 中野区のアトリエにて「乙女の像」の制作をはじめる
昭和二十八年（一九五三）			十月青森県十和田湖畔の休屋地内に「乙女の像」落成
昭和三十一年（一九五六）			四月二日午前三時四十五分 高村光太郎没享年七十三歳 染井霊園に智恵子と永眠される 四月四日青山斎場にて告別式 葬儀委員長武者小路実篤 駒込、染井霊園高村家累代の墓に埋葬される 法号光珠院殿顕誉智照居士

【光太郎没後】

昭和三十二年（一九五七）	太平洋画会を太平洋美術会と改称し附属の太平洋画会研究所を太平洋美術会研究所と改称し現在に至っている
昭和六十一年（一九八六）	五月、銀座二丁目東京セントラル美術館にて「光太郎・智恵子展」を開催、紙絵の作品が多数出品された
平成四年（一九九二）	智恵子のふる里 福島県油井町の生家敷地に「智恵子記念館」が開館。また「智恵子の杜」としてゆかりの鞍石山など公園として整備された
平成七年（一九九五）	品川区立品川歴史資料館にて『智恵子抄』展開催 品川郷土の会が中心となり、智恵子終焉の地のゼームス坂病院跡地に「レモン哀歌」の詩碑が建立される。
平成八年（一九九六）	品川区立品川歴史資料館にて『智恵子抄』連続講座が開催され、森まゆみ氏、北川太一氏他が講演された
平成九年（一九九七）	七月二十四日東京・山王・日枝神社境内にて薪能『智恵子抄』が演納された

平成十一年（一九九九）	智恵子の自作品「ビーナス」と「裸夫」のデッサンが九州で発見される。五月、第九十五回太平洋美術会展にこのデッサン二枚が特別展示された。 長沼智恵子のサインがあり太平洋画会研究所で絵を学んだ明治四十五年頃の作品と思われる
平成十六年（二〇〇四）	福島県二本松市に「智恵子のまち夢くらぶ」発足する
平成二十年（二〇〇八）	福島県二本松市「智恵子のまち夢くらぶ」により、「智恵子純愛通り記念碑」建立される
平成二十一年（二〇〇九）	五月十二日太平洋美術会展創立百二十周年記念展を新国立美術館にて開催 高円宮妃殿下のご臨席
平成二十三年（二〇一一）	『智恵子抄』発刊七十周年の記念の年 「青鞜」発刊百年 三月二十五日～三十一日、渡辺えり戯曲「月にぬれた手」舞台芸術学院60周年記念公演
平成二十五年（二〇一三）	千葉市立美術館にて「生誕一三〇年彫刻家高村光太郎展」開催。その後、井原市立田中美術館、愛知県碧南市藤井達吉現代美術館に巡回される。

平成二十六年（二〇一四）			詩集『道程』刊行及び、光太郎・智恵子結婚披露宴から百年のメモリアルイヤー 福島家二本松市立油井小学校にて著者による創作紙芝居「高村智恵子の生涯」を実演。 著者、紙芝居を寄贈。
平成二十七年（二〇一五）			二月ＮＨＫ「歴史秘話ヒストリア　ふたりの時よ永遠に愛の詩集『智恵子抄』」放映 日比谷公園松本楼にて第59回「連翹忌」 岩手県花巻にて第58回「高村祭」 福島県二本松市「智恵子のまち夢くらぶ」第7回「智恵子純愛通り記念碑」建立祭 福島県二本松市第21回「レモン忌」

あとがき

智恵子の名前は、高村光太郎の智恵子への愛をうたって、多くの人に感銘を与え、今なお愛され続け、感動を呼び起こさずにはおかない『智恵子抄』によって、何人も知りえぬ二人だけの愛の深さに驚嘆し、永遠に人々の記憶に残されることになった。

そして、深く掘り下げて読み進めていくと、私にとって智恵子の人生そのものが、芸術的・文学的に気高く優雅な作品であったかのように思えてくる。

智恵子は洋画壇上に名を残すことが出来なかったが、生家の没落、結核、精神の病という三重苦のなかから生み出された千数百点に及ぶ精緻な「紙絵」という新しいジャンルを切り開いたまさに先駆者であった。

歌人与謝野晶子は、日露戦争に出征した弟の無事を願う「君死にたもうことなかれ」の詩でよく知られているが、男性に偏った政治を批判し、女性に対しても無関心は罪悪と叱咤してもいる。

全国を旅して五万首に近い歌をも詠んだといわれているが、智恵子が表紙絵を描いた、平塚雷鳥主宰『青踏』にも多くの作品を発表して、鉄幹・晶子夫妻と光太郎との関わりも深い。光太郎・智恵子の結婚披露宴にも列席している。

平塚雷鳥は、晩年日本近代の女性解放運動の先駆者として、女性の権利、婦人参政権の獲得運動、母性保護運動にも大きく貢献している。智恵子もまた権利と自立を求め闘った女性として、足跡を残していることは紛れもない事実である。

日本女子大学校校長成瀬仁蔵の「魂を揺り動かし突き上げる」ごとしの教育を共に受けていた二人である。

今年は戦後七十年を迎える。そして女性参政権実現から七十年の節目でもある。

ここに至るまでの歴史のなかで、明治・大正・昭和の時代を駆け抜け、自分の意志で生きぬいた女性達の闘いについて振りかえってみてもよい年といえるのではないだろうか。

智恵子の生きた足跡を辿る旅という若かりし頃からの夢の実現に二十年を費やしてきたが、いまだ旅の途上であるとの感は拭えない。

智恵子を語るには偉大な光太郎を語らずして語れないという場面にも多々遭遇しながら感じ得ることは、お互いの相関図上に不思議と二人は会うべきして会うために生まれてきたように思えてならない。

さらに二人の人生の節目には、なぜか鮮明な三原色（赤・青・黄）が浮かび上がってくる不思議さも感じられる。

一例を挙げてみる。

赤色……光太郎のアトリエ完成祝いに智恵子が持参したまっ赤なグロキシニアの鉢植。『智恵子抄』の本の表紙の赤。

青色……コバルトブルーのコートを着て風を切って歩く智恵子の姿。

阿多多羅山の山の上に／毎日出てゐる青い空が／智恵子のほんとの空だといふ。『智恵子抄』より黄色……智恵子の最期、光太郎から与えられたレモン。

婚約を交わした上高地を黄金色に染めた桂の木々。

光太郎の最期を飾った連翹の花。　＊註　早春、葉よりも早く開く可憐な木の花。

これほど特徴的なカラーに彩られた二人の人生も興味深い。


芭蕉は「月日は百代の過客にして、行きかふ年もまた旅人なり……」と書いているが、まさに「月や太陽は永遠の旅人、巡り来る年も旅人」。

生きていることが即ち旅人であると言える。

旅を続けるなかで、出会えた人の数だけ人生の物語があり、〝今〟を共に生きている運命共同体のような懐かしさがある。一瞬目が合った人、道ですれ違った人までがなつかしく、「人間と自然」に関わる物語が一層好きになるのである。

旅は、〝自然への畏敬の念〟、〝我以外皆師也〟の謙虚さ、ほほえみと挨拶の大切さを教え、生きる意味を考えさせ、心の内面の豊かさと喜びを与えて、私を常に前進させ続けてくれている。

私にとって人生はいつも始発駅。どんな出会いが待っているのか、これからも胸をはずませる思いである。

旅の先々で温かく迎えていただき、優しいふれあいに心慰められ、お世話になった多くの方の幸せをお祈りし、そこで知り得たよろこびをかみしめながら、深い感謝の気持ちを申し上げます。

ご多忙のなか、気持ちよく研究資料をお見せいただき、励ましとご指導くださった北川太一先生、面倒な依頼にもかかわらず、快く対応してくださった新宿中村屋広報課長　河野奈美江さま、貴重など意見を賜り熱きご指導をいただいた日本女子大学成瀬記念館　大門泰子さま、高村光太郎・連翹忌運営委員会代表小山弘明さま、智恵子研究をともにし、出版から励ましをいただいている木村哲蔵さま、遠き宮崎からたくさんの励ましをくださった精神科医　友成久雄さまと画家で奥様の清代さま、情報の呼びかけや歴史的資料を提供してくださった静岡県沼津市立第一小学校校長　齋藤匡洋さま、沼津市歴史民俗資料館館長　鈴木裕篤さまに、深甚なる感謝の気持ちを申し上げます。

そして、丈夫な身体に生み育てていただき、いつも温かく見守り、生きる指標を示してくださる父・曽雌《そし》哲夫（九七歳）、母・富士子（九六歳）に、心より〝ありがとう〟の言葉を捧げます。

出版に際し、格別なるご指導とご高配を賜りました（株）牧歌舎社社長竹林哲己さま、編集部長武田英太郎さま、難しい注文にも素晴らしい技とセンスで応えてくださったデザイナー井上亮さまに謹んで敬意と謝意を申し上げます。

そして何よりも、『〝智恵子抄〟の旅』をお読みいただき、〝ありのままの智恵子〟を感じ取ってくださった読者の皆さまお一人おひとりに厚くお礼を申し上げます。

平成二七年秋

坂本富江

【参考文献】

◎高村光太郎『智恵子抄』 龍星閣
◎北川太一／監修　高村　規／写真『智恵子抄アルバム』芳賀書店
◎北川太一／解説　高村　規／写真『智恵子紙繪の美術館』芳賀書店
◎北川太一『画学生智恵子』 蒼史社
◎小山弘明『光太郎資料 41』高村光太郎連翹忌運営委員会
◎高村光太郎研究（21）（31） 高村光太郎研究会
◎財団法人　太平洋美術会『太平洋美術会百年史』 太平洋美術会百年史編集委員会
◎もうひとつの明治美術展委員会『もうひとつの明治美術　明治美術会から太平洋画会へ』
◎国家公務員等共済組合連合会『九段坂病院 40 年史』 九段坂病院
◎上野精養軒『精養軒献立・写真』
◎野澤　一『詩集・木葉詩経』 文治堂書店
◎坂脇秀治『森の詩人　日本のソロー・野澤一の詩と人生』彩流社
◎蛾眉第 18 号・第 19 号　　市川大門町文化協会　舟山正泰
◎『新たな夜明け「ウォールデン」出版 150 年記念論集　日本ソロー学界』 金星堂
◎『大下藤次郎紀行文集　美術出版社創業八十周年記念出版』 美術出版社
◎碌山美術館報第 34 号 （公財）碌山美術館
◎浅野孝一『上高地ものがたり』 とんぼの本新潮社
◎青木洋子『近代史を拓いた女性たち―日本女子大学に学んだ人たち―』 講談社
◎日本女子大学校 40 年史
◎日本女子大学教養特別講義第 20 集（日本をみつめるために）
◎成瀬記念館 2008―成瀬仁藏生誕 150 年記念号―
◎写真が語る日本女子大学の 100 年
◎年表日本女子大学の 100 年
◎未来を夢見て　ここに集う―日本女子大学創立 100 周年特別展示・記録集―
◎日本女子大学 100 周年「歌詞と写真でつづるうた・100 年」展
◎日本女子大学校規則（明治 35 年～ 42 年）
◎日本女子大学の運動会展（展示シリーズ No. 3）
◎日本女子大学成瀬記念館 2005 年度企画展
◎スポーツの秋！　日本女子大学の運動会展
◎「青鞜」と日本女子大学校同窓生（年譜）
　日本女子大学大学院　文学研究課日本大学専攻内　岩渕（倉田）研究室
◎『鬼子母神とその周辺（2005 年度第二回企画展図録）』 豊島区立郷土資料館
◎『「女大学」から「女子大学」へ　渋沢栄一の女子教育への思い』 渋沢史料館
◎藤原牧子『「智恵子抄」を訪ねる旅』 明石書房
◎大島裕子『智恵子抄の光景』 新典社新書
◎高村光太郎『いのちと愛の軌跡』 山梨県立文学館
◎二本松市教育委員会『アルバム高村智恵子―その愛と美の軌跡』
◎松島光秋『高村智恵子―その若き日―』永田書店
◎佐々木隆嘉『ふるさとの智恵子』桜楓社
◎草野心平『高村光太郎と智恵子』筑摩書房
◎黒澤亜里子『女の首―逆光の「智恵子抄」―』ドメス出版
◎津村節子『智恵子飛ぶ』講談社
◎布施協三郎『明治の恋と青春　若き洋画家　布施淡』平河工業社
◎十和田湖・奥入瀬観光ボランティアの会『十和田湖　乙女の像のものがたり』
◎『100 年の追憶　創立百周年記念』沼津市立第一小学校
◎『追憶　創立百二十周年記念』沼津市立第一小学校
◎真壁　仁『高村智恵子の一生』筑摩書房

【著者略歴】
坂本富江（さかもと・とみえ）
山梨県韮崎市生れ　韮崎高等学校　法政大学日本文学部卒
東京都板橋区役所勤務
板橋区立保育園園長を経て定年退職

一般社団法人太平洋美術会会員
高村光太郎研究会会員
智恵子の里レモン会会員
山梨県韮崎市ふるさと大使

スケッチで訪ねる『智恵子抄』の旅

2012年7月10日　初版第1刷発行
2015年12月11日　第二版第1刷発行

著　者　坂本富江
発行所　株式会社 牧歌舎 東京本部
〒101-0064　東京都千代田区猿楽町2-5-8 サブビル2F
TEL 03-6423-2271　FAX 03-6423-2272
http://bokkasha.com　代表：竹林哲己

発売元　株式会社 星雲社
〒112-0012　東京都文京区大塚3-21-10
TEL 03-3947-1021　FAX 03-3947-1617

装丁・組版　井上 亮
印刷・製本　富沢印刷株式会社

ISBN978-4-434-21080-8 C0095